学生必知的外国文化知识读本

学生必知的文明古国

王　彦 ◆ 编著

吉林人民出版社

图书在版编目(CIP)数据

学生必知的文明古国 / 王彦编著 . -- 长春 : 吉林
人民出版社, 2012.7
（学生必知的外国文化知识读本）
ISBN 978-7-206-09209-1

Ⅰ.①学… Ⅱ.①王… Ⅲ.①文化史—世界—青年读
物②文化史—世界—少年读物 Ⅳ.①K103-49

中国版本图书馆 CIP 数据核字(2012)第 149587 号

学生必知的文明古国

XUESHENG BIZHI DE WENMING GUGUO

编　　著:王　彦
责任编辑:崔　晓　　　　　　　封面设计:七　洱
吉林人民出版社出版 发行(长春市人民大街7548号　邮政编码:130022)
印　　刷:鸿鹄(唐山)印务有限公司
开　　本:670mm×950mm　　1/16
印　　张:13.5　　　　　　　字　　数:170千字
标准书号:ISBN 978-7-206-09209-1
版　　次:2012年7月第1版　　　印　　次:2023年6月第3次印刷
定　　价:48.00元

如发现印装质量问题,影响阅读,请与出版社联系调换。

目录
CONTENTS

目录 CONTENTS

CONTENTS 目录

前　言

在人类发展的长河中，出现了无数推进人类文明进步的古代文明，它们以各自的光辉开启着人类发展的蒙昧时代，并以璀璨的光芒惠泽至今。

人类究竟创造了哪些主要文明？它们分别始于何时？一直是一个十分复杂且存众多争议的问题，不同视角的理解，产生了不同的文明界定。英国史学泰斗汤因比认为世界古代文明应该有26个文明、德国史学家施本格勒认为历史上应出现8个高级文明，而俄国人丹尼尔夫斯基则认为人类世界有12个历史文化类型。由于文献材料及考古材料的局限性，人类古代文明的起源、发展和演进过程，并非为我们全部了解，况且，各文明发展的最初一千多年里，都没有确切的纪年，其中存在着诸多不能确定的因素。本书谨慎选取一种学说，以大型建筑、文字、较为成熟的冶金技术、复杂墓葬这几个考古学的基本要素来界定文明，将两河流域、古埃及、古印度、古代中国和古代希腊的文明作为世界文明发展史中最具代表性和独特性的文明，并以此为主线，兼顾其他玛雅文明、印加文明、阿兹特克文明和犹太文明及亚洲的一些小古国文明，以各个文明阶段的典型事例或显著标识为落脚点，力求以浅显的语言和一个相对清晰的脉络，将漫长时代里纷繁复杂的文明内容浓缩在一个有机框架中。

本书在编著的过程中，参阅了大量的国内外资料，采用、参酌和辑录了部分专著、译著以及互联网上的文字、史料和图释，因篇幅和体例有限，尚未一一标注，在此向原作者和出版单位致以诚挚的谢意！同时，对在本书的编著中给予大力支持的东北师范大学历史文化学院博士生导师张强教授和东北师范大学图书馆的张静鹏老师深表谢意！在此，特别要感谢本书编辑刘文辉先生，她对本书的脉络和结构提出了诸多中肯的意见。

由于作者自身的局限，书中难免有值得商榷之处，还请读者诸君不吝赐教。

文明萌动的两河流域

两河流域，源于希腊语"美索不达米亚"（Mesopotamia），意为"河流之间的土地"，为古代希腊人及古罗马人对幼发拉底河和底格里斯河流域地区的称呼。这一地区分南北两部，南为巴比伦尼亚，北为亚述，包括现代伊拉克的全境，以及叙利亚和土耳其与其相连的部分，就今天来说，大体相当于伊拉克一带的地区，在我国学术界，一直把这一地区译为"两河流域"，或直译为"美索不达米亚"。

幼发拉底河和底格里斯河，发源于土耳其境内亚美尼亚高原，全长分别为2600公里和1850公里，由西北部流向东南的波斯湾，古时分别流入海，现汇为阿拉伯河入海。在古西亚，两河流经的狭长平原和河谷地带，成为西亚"新月形"文明的东翼（叙利亚、腓尼基、巴勒斯坦和以色列为西翼），它的西面斜邻叙利亚及阿拉伯沙漠；东面以札格罗斯山脉为屏，分隔伊朗高原；北面是陶鲁斯山脉和亚美尼亚高原，形成了与小亚细亚半岛的天然边境；南面濒临波斯湾。

两河流域的中下游是平坦的冲积土地，巴格达到波斯湾边的两河入海口高度仅相差10米。缓慢流动的河水带来大量的沉淀使河床升高，河水经常漫过河堤甚至改道，由于气候干旱炎热，绝大部分地区的年降雨量都在250毫米以下，南部则在200毫米以下，干而坚硬的土壤，用两河河水进行人工灌溉，就成了两河文明诞生的关键，也成了两河流域农牧业生产和发展的命脉。

非常令人奇怪的是，公元前1万年左右，在两河流域高降雨地区及边缘多丘陵地带出现的农业生产萌芽，并没有使这些地区优先产生文明萌动，而在农业生产自然环境恶劣，但人工渠网密结的两河流域，却开出了大规模生产的文明花朵，并结硕成世界上最早的古代文明之果——两河流域文明，也称"美索不达米亚文明"。

两河流域文明起源于两河流域南部。这里是两河的冲积平原和三角洲，同埃及的尼罗河一样，两河常常定期泛滥，河水时涨时落，只有修建堤坝沟渠蓄水排涝，人们才能耕种收获。两河流域的居民主要用使用牛或驴拉着木犁耕地。那里的农业和畜牧产品相当丰富，有诸如谷物、蔬菜、肉类、皮革、羊毛、亚麻以及角制品等。肉类多以牛、羊肉为主，猪较少；谷物有小麦、红小麦、小米等，大麦因适应本地略带盐碱的土壤环境，无论在古代还是现代都是主要的谷物。两河流域的人们用大麦芽酿造啤酒，小麦和大麦被磨成面粉烤制面饼；他们的主要油类植物是芝麻；丰富的椰枣，俗称"伊拉克蜜枣"，也是两河流域人民的美味食品，而南部炎热的气候和充足的灌溉水，非常有利于这种枣椰树的生长。这里的自然资源相对贫乏，河流只提供鱼、其他水产品还有芦苇，芦苇的苇秆可以用来编席、篮子和箱子，也用来造船和建房。由于枣椰树的木质粗糙和它的果树性质，本地缺乏木材。石料仅有"石灰石"和"摩苏尔大理石"二种。

虽然现代伊拉克以丰富的石油蕴藏著名，古代两河流域人却仅知道石油的伴生物沥青矿。沥青矿最丰富的地带，是幼发拉底河中游河岸上的西特和腊马迪一线。他们用沥青做砖层之间的黏接物、房屋建筑和造船的防水涂料、燃料和艺术品的连接、镶嵌、塑型材料，甚至作为药用。

两河流域没有金属矿藏，缺乏建筑、装饰和雕塑用的石料和木材。从原始时期起，原材料就由贸易进口，并在这一无铜地区发展成铜石并用文化。一般认为铜最早由伊朗西部和高加索山区的阿塞拜疆和亚美尼亚输入。后来，附近的小亚、塞浦路斯、巴林岛和阿曼的铜都能运到两河流域。亚述帝国时期，腓尼基人开始从西班牙横渡地中海把铜运到东方。锡可能来自伊朗、高加索和阿富汗。白银多数来自套鲁斯山脉。黄金来自从埃及到印度的许多矿点。伊朗几处供应硬石料和各种有价值的宝石。文献提到乌尔第三王朝时期石刻匠常用的光亮的黑闪长岩碑料来自阿曼或埃及。普通木材可以在札格罗斯山脉的森林中找到，但建筑庙宇和宫殿的高大杉木、柏木和雪松则必须取自地中海岸边的黎巴嫩山脉和阿马奴斯山，其他

种类的木材则来自海外的印度或埃塞俄比亚。

两河流域内部运输的主要途径是航行水路。幼发拉底河和底格里斯河形成两条南北大动脉，两河之间则有上下纵横的许多渠网连接各个城市，由于冬季陆地上覆盖着河水泛滥留下的厚泥层，而春季洪水又常发生，水路运输往往超过了以骆驼和驴车为主的陆路运输。

两河流域通往西方叙利亚和地中海岸的商路有两条，一条由巴比伦或西帕尔城，沿幼发拉底河上溯到达马端或其上游的现代戴尔卓尔一带，然后向西进入大漠，到达叙利亚的绿洲提德木尔，再向西行出沙原到达候姆斯。这条路途路程较近但旅行困难，但从那儿出发，西可到达海岸腓尼基海岸的各城，北可进入北叙利亚的重镇哈拉波，再向北可进入小亚半岛，向南则可到达大马士革，再往南走，途径以色列和腓利斯汀，就可踏入通往埃及和非洲的大陆了。由于这条路线穿越荒漠、行程艰难，而且易受荒漠绿洲游牧民族的抢掠，商队一般采用另一条虽远，但能保证水和给养供应，又相对较安全的路线。这条路线由西帕尔沿底格里斯河北上，到现代摩苏尔对面亚述地区的尼尼微，后转西穿过哈布尔上游的各个城镇，由舒巴特恩利勒到古札那，在巴里赫河上游的哈兰城休整后，向西，在埃马尔城或卡尔赫美什城，渡过幼发拉底河，前面就是北叙利亚重镇哈拉波了。由哈拉波向西，就可到达奥伦特流域和地中海岸的乌旮瑞特城，南下经哈马特城可到南叙利亚的大马士革；北过阿马奴斯山,可进入小亚海岸的基里基亚平原,由此可以通向小亚半岛西部。

两河流域通往小亚东部的商路,可以由尼尼微沿底格里斯上溯,或由哈兰向北,穿过陶鲁斯山脉的各个关口。向东方的商路,由于高山峻岭的阻挡行途比较困难,三个关口通过札格罗斯山脉,最北点在上札布中上游柔万杜孜以东,下札布源头附近的腊亚特,过此关就可以进入乌尔米亚湖南岸和阿塞拜疆。中部关口在迪亚拉河上游南岸的哈拉比亚,其西北是下札布河南岸的苏莱马尼亚市。由此关口可以进入伊朗高原。最南的关口在迪亚拉河中游南岸城市哈那秦,对面的伊朗是凯尔曼沙;往东再行是哈马丹,进入伊朗高原向东北行则至里海南岸。两河流域通往东南的道路经由埃兰的国土。这条路没有山阻,苏美尔人可经由东邻乌莱亚和乌克奴二河的苏萨平原。北方的亚述和阿卡德的商人则常沿札格罗斯向东南,经德尔城进入埃兰首都苏萨。由苏萨向东是安善(后属于波斯),向北是里海南岸的米底各部落。古埃兰是一个经常进入两河流域和那里的各王朝争霸的强大国家。在阿卡德和乌尔第三王朝(公元前 2111 年—公元前 2004 年)统治埃兰的时期之后,这条商路一直控制在埃兰人自己手中,两河流域的商人不能自由地使用它。

两河流域最南部还有一条重要的海上道路——波斯湾。文献中常提到由迪勒蒙,即今巴林岛、马干和麦鲁哈来的船队。马干可能位于埃及的或苏丹或埃塞俄比亚的红海沿岸地带,而麦鲁哈可能指

巴基斯坦和印度的西海岸一带。总之，两河流域文明处在一个联结近东地区各部分的贸易网络的中心地带，它从一开始就具有强烈的贸易和商业特点。

两河流域文明是人类最早的文明，它虽始于公元前3300年左右，但有较可靠确切的纪年，却是公元前1400年左右。

遥望远古的美索不达米亚

美索不达米亚，是两河流域的希腊语意。由此而诞生的古代文明，曾是人类历史上最古老的文明之一。当古希腊人还没有迈进文明时代时，两河流域文明就已经延续了约2000年，放眼古代的美索不达米亚，至今还能看到文明火种的痕迹。

古欧亚大陆文明的生活方式深受地理环境影响。美索不达米亚因地理位置的影响就表现得非常明显，它自古迄今的发展，与一次又一次的外来侵略是分不开的，美索不达米亚的历史，也是来自北面的入侵者——印欧人，与来自南面的入侵者——闪米特人，为争夺这块肥沃的大河流域而展开的长达数千年斗争历史。

美索不达米亚的最早居住者是苏美尔人，他们的语言与汉语相似。后来闪米特人的一个著名领袖萨尔贡一世，以两河流域中部的阿卡德为基地，首先征服了苏美尔，然后向远地进犯，最后建立此地区第一个从波斯湾到地中海的庞大帝国。

阿卡德帝国在当时是一个幅员广大的国家，但寿命短暂。来自伊朗的新入侵者打败了萨尔贡一世的孙子，毁灭了阿卡德，使这个帝国

从历史上消失。于是，苏美尔人的城市国家一个个又重新出现，并且享有了一定的独立。直到乌尔城邦崛起，建立起一个纯粹的苏美尔人的帝国。这一帝国维持了将近一个世纪之久。在这期间，一批闪米特游牧民即阿莫里特人侵入两河流域，在他们著名的统治者汉穆拉比（约公元前1704年—公元前1662年）的率领下，建立起巴比伦帝国。这种连续入侵的模式一直持续到近代，因为继阿莫里特人之后的入侵者还有赫梯人、亚述人、波斯人、马其顿人、罗马人、阿拉伯人和突厥人。

尽管这些帝国颇可夸耀，古代美索不达米亚的文明实质上还是以城市为最基本单位，每个城市都尊奉一位主神，城市被看作是属于主神的一个神圣的存在物。寺院和国王是当时最大的富豪，不过也有许多私人资本被投入土地、手工业、商业冒险和放债。大多数平民是靠当农夫、工匠、商人、渔民和养牛人谋生。每个城市都有一个手艺人阶层，包括石匠、铁匠、木匠、陶工和宝石匠。他们在自由市场上出卖自己的手工艺品，买主支付货币或以实物代货币。货币通常是银块或银环，每次交易后都须称其分量。

城墙外面是农田，城市居民的生活最终取决于农田的收成。大部分土地以大地产的形式被占有，占有者是国王、祭司和一些富人。他们将土地划分成小块份地，连同种子、农具和耕畜一起，分配给为他们服务的农人。农人则提供劳动、自行经营，然后将生产出来的剩余产品缴纳给寺院、宫廷或地主作为报答。当时的基本农作物是大麦和小麦。提供乳液的牲畜是山羊和母牛。绵羊提供羊毛，羊毛是美索不达米亚的主要的组织纤维。最普通的蔬菜有蚕豆、豌豆、大蒜、韭葱、洋葱、小萝卜、莴苣和黄瓜。水果包括甜瓜、椰枣、石榴、无花果和苹果。

经营地产时需要记账，如：从佃耕的农人那里收到的地租，牧群的头数，牲畜所需的饲料的量，下次播种所需的种子的量，以及关于灌溉设施和灌溉计划的一切复杂的细节，都得上账或记录。管理事项和账目，是用削成三角尖头的芦苇秆当笔，刻写在泥版上然后将泥版烘干，以便于保存。这种最早的文字形式称为楔形文字，显然不是为了智力活动才发明的；确切地说，这是经营管理时的一种工具。正如一位著名学者所说的，"文字不是一种深思熟虑后的发明物，而是伴随对私有财产的强烈意识而产生的一种副产品。文字始终是苏美尔古典文明的一个特征。"

虽然文字的起源可以从生产剩余产品所造成的新环境中找到，但文字的影响是极其重大而深远的。文字使人们能记录和积累各种真实的情况，世代相传，从而促进智力的发展。同样，文字又使人们能以书面形式记载宗教传统、社会风俗、口头上流传的神话和传说，使它们成为圣书、法典和古典著作而永久地保存下来，从而使各种独特的文化更其鲜明、更为巩固。文字成为使人类诸文明的文化结合成一体的主要手段。

苏美尔人应日益复杂的社会的各种具体需要，不仅发展了文字，

而且还发展了数学和其他一些学科。他们在最早的数学文献中记述了对牲群的计算、对谷物的计量和对土地的测量。他们的主要贡献在于发展了最早的计时、计量、测量距离和面积的各种方法。而且，早在公元前3000年时，他们就在仔细地观察和记录天体的运动，他们这样做有实用主义的目的。他们相信，诸神的意志决定天体的运动，弄清了天体运动，人类就能够洞察神的旨意，作出相应的行动。因而，在许多世纪中，美索不达米亚的占星术家积累了大量的天文资料，这些资料后来被用于发展科学的天文学。

苏美尔人和其后继者的宗教信仰深受自然环境的影响，尤其是受底格里斯河和幼发拉底河每年河水泛滥的影响。给他们留下深刻印象的不是河水泛滥的周期性，而是泛滥的时间和洪水量的不可预见性。北部地区的大雨加上札格罗斯山脉和托罗斯山脉上的积雪，常引起特大洪水，不只充满灌溉沟渠，而且毁坏了农田。在苏美尔人的眼里，他们的洪水之神尼诺塔不是一位慈善的神，而是一位恶毒的神。苏美尔人的文学作品中，常可见到这样的词句：猖獗的洪水呀，没人能和它对抗，它使苍天动摇，使大地颤抖。……庄稼成熟了，猖獗的洪水来将它淹没。

对每年洪水泛滥的恐惧，加之永远存在的外族入侵的威胁，使苏美尔人深深地感到，仿佛自己正无依无靠地面对着许多无法控制的力量。有一首苏美尔人的诗写道："只有人，他的寿命不会很长，无论他做什么，只是一场虚无。"美索不达米亚人的人生观带有恐惧和悲观的色彩，这反映了自然环境的不安全。他们以为，人生来只是为神服务，神的意志和行为是无法预言的。因而，他们用种种方法来预测变幻莫测的未来。一个方法是解释形形色色的预兆，尤其是各种梦。另一方法是剖肝占卜术，就是通过检查被屠宰的动物的肝脏来预测吉凶祸福。还有一方法是占星术，如前所述，是以观察星辰运行来预言人的命运，因为在他们的想象中，星辰运行对人的命运是有影响的。最后，每个人都尊奉一位属于他个人的神，把它当作自己的良师。他们以为，一个人的愿望和需要可以经它传达给相隔遥远、不便直接通话的诸位大神。

美索不达米亚人也试图通过编制完备的法典来减轻笼罩人们的不安全感。汉穆拉比法典是其中最杰出的一部，后来成为闪米特人其他各族如亚述人、迦勒底人和希伯来人制定法律的基础，这部法典不仅阐明了古巴比伦的法律制度，也照亮了当时的社会。

从文化上、思想上看，美索不达米亚文明实际上是一个内在统一的文明。因为苏美尔人不仅因发明了文字书写系统而对后继的各种文明有着强烈的影响，而且在法律、行政、宗教领域，乃至语言、文学、教育等领域，都可以追溯到苏美尔的影响，大多数西亚文明也包含苏美尔因素。波斯人、腓尼基人、希伯来人、希腊人、罗马人在一定程度上都是苏美尔人的继承者。从这个意义上说，美索不达米亚文明具有统一性。美索不达米亚文明的多样性与统一性是一个硬币的两面——一种和谐的统一。

与其他古代民族根本不同的是：美索不达米亚人创造出一种由中

庸和平衡来调节的生活方式。在物质和精神两方面——信仰和伦理上、政治和经济上——他们在理性和想象、自由和专制、知识和神秘之间达到一种可实践的中庸之道。

更重要的是，美索不达米亚是一个"开放"的社会。尽管此地居民自认为是"选民"，但这并不意味着他们是个地方性的民族。他们已经意识到世界上有许多别的民族，当然也就没使自己与外部世界失去联系。因此，他们在轻视与他们为敌的邻居的同时，也敬畏西方的埃及人和东方印度河谷地的民族。事实上，美索不达米亚对这两种文明的兴起或许起着很重要的作用。

神秘莫测的苏美尔人

一般来说，人们总是从两个方向追寻远古的历史，一个是沿着众多神话所提供的线索追踪，一个是沿着文化典籍所展示的文明更迭轨迹来跟踪，因而各种各样的考古成果，往往不是证明了神的预言，就是证实了人的假想，而更多的文物则只是标示着历史片断的现实存在，从而留下一片历史的朦胧，甚至历史的神秘。

苏美尔人就是这样的一种神秘。

几乎所有的发掘成果都在证实，苏美尔人是最先进入美索不达米亚平原的古代民族，但是，苏美尔人到底是从何处来的呢？他们似乎既不是印欧人的一支，也不是闪米特人的一支，有人猜测，他们的原籍很可能是东方某地，因为他们具有来自远方民族的黑发特征，在他们带来的石碑上的铭文中，他们也自称自己为"黑头"。

关于苏美尔人的来源，一种可能性是从伊朗高原的崇山峻岭中来，因为出土的苏美尔人的最早的建筑物，是按照木结构原理建造的，而木结构建筑通常只是在树木茂密的山区才被广泛采用，不过，这与苏美尔人的神话传说却发生了矛盾；另一个相反的可能性，则是从波涛

汹涌的大海上来到这大河入海的地方，可是，在苏美尔女王舒伯—亚德的陪葬品之中，却只有一金一银各长约0.6米的，只能在幼发拉底河上航行的小船模型。因此，有的研究者认为可以从阿富汗山区到印度河谷的居民之中，来寻找到苏美尔人的踪迹，这一区域大约在美索不达米亚平原以东将近2500公里的半径以内。这个假设似乎很快就得到了考古学者的证明，因为在印度河河谷发掘出了一个高度发达的古文化遗址，其出土文物之中，有几个长方形的印章，无论从制作外观上，还是从图案风格上，看起来都与吾珥古城遗址中被挖掘出来的十分相似。

但是，一个无法解释的问题是：在远古时代，一个古老的民族或国家，有没有可能全部迁徙到一个远在两千多公里以外的地方，同时既没有在民族神话中留下一丝线索，也没有在文化典籍里保留一点记载。所以，尽管人们经过千辛万苦找到了苏美尔人的家园；从而也证实了苏美尔文化的曾经存在，且这种文化对美索不达米亚文化圈的形成有着直接的推动作用，然而，苏美尔人从何处来的问题却始终得不到解答。不过，苏美尔人的神秘之处还远远不止这一点，比如说苏美尔人的寿命长得出奇，智慧高得令人惊讶等等。不过，这些都是记载于泥板之上的，是否确实，还需要证明，而唯一无须证明的，便是在吾珥古城遗址周围的平原上建立起来的许许多多的阶梯形金字塔。

这些金字塔的用处何在呢？根据泥板上的记载，全都是用来进行祭祀的，因为他们的神总是高高地居于神山之巅，所以需要在金字塔顶来祈祷，使人能够接近神的宫殿，使神便于接受人的礼拜。这种顶礼膜拜的祭祀方式，在美索不达米亚平原上的影响迅速扩展开来，并且保持了数千年之久，从巴比伦王国到亚述王国，从巴比伦到尼尼微，随处可见这样的阶梯形金字塔，甚至连《圣经》里的巴别塔，它的外形也是阶梯形状的，如果能够建成，也将是一座小型的金字塔。

因此，令人吃惊的奇迹总是有很多与苏美尔人的金字塔有关。在苏美尔人留下来的典籍和图案之中，所有记录下来的苏美尔人的诸神形象，都与天空中的星星有关，这些神的形象没有一个具有人形，每一个神代表着一颗恒星，每一颗恒星周围还环绕着多少不一的、大大小小的行星，整个星相图与现代人测绘的几乎一模一样！至少有一点令人难以置信，这就是：也许苏美尔人能够看到那些恒星。但是，常识告诉我们，他们是不可能亲眼观测到那些恒星和行星的！此外，在一些图案上面，或者有一些人头戴星星，或者有一些人驾驶着展翅的飞球，甚至还有这样一个图案：一串虚实相间的小圆球环绕成了一个大圆圈，它使人看起来好像是一个基因模型。

如果说，这些书面的记录还不足以证明苏美尔人的文化具有超越其他古代民族文化的特征的话，那么，苏美尔人对于数字的运用，可以说已经达到了令人难以望其项背的地步：在金字塔附近找到的一块泥板上，开列出了一道由两个数字相乘的计算题，其最终乘积如果用阿拉伯数字来表示，结果竟是一个十五位的数字195 955 200 000 000，这就是距今6000年以前的苏美尔人已达到的数学知识水平。

　　然而，公元前500年左右的希腊人还认为"10 000"这个五位数字，简直就是一个"大得无法计算的值"，凡是超过了10 000的，就被称为"无穷大"。多位数字对于欧洲人来说，一直到公元1600年以后，才由笛卡尔、莱布尼兹等数学家兼哲学家最先用于计算，而在西方一般人的概念之中，只是在进入19世纪之后，人们才开始对多位数有所认识，以至于"百万富翁"这个称呼，成为拥有不计其数财富的最大富翁的代名词。

　　不管怎么说，有一个不争的事实是，公元前3500年，苏美尔人在美索不达米亚南部开掘沟渠，依靠复杂的灌溉网，成功地利用了底格里斯河和幼发拉底河的湍急的河水，从而在美索不达米亚南部创建了第一个文明。

　　苏美尔文明，实际上是城市和城邦的文明，他们是在世界历史上最早建立城市的民族。早在公元前4300年—公元前3500年，苏美尔人就在两河流域的内部平原上建立了不少城市，如欧贝德、埃利都、乌尔、乌鲁克、捷姆迭特、那色等。到公元前3000年时，苏美尔地区已出现12个独立的城市国家。由于城市的建立，标志着两河流域南部地区的氏族制度宣布解体，并向文明时代的过渡。但是各城市国家为了争雄称霸，相互征战，大大削弱了苏美尔人的力量，最后导致他们臣服于闪米特人。闪米特人的著名领袖萨尔贡一世建立阿卡德帝国，苏美尔文明从城邦国家过渡到统一王国时期。但它的寿命短暂，仅仅历时280年，来自伊朗的新入侵者便打败了萨尔贡一世的孙子，苏美尔人的城市国家又一个个重新出现，直到乌尔城邦崛起，再一次统一各城邦，建立起一个纯粹的苏美尔人的帝国，史称乌尔第三王朝。这一帝国的存在，从公元前2113年一直到2006年，维持了整整一个世纪之久。

苏美尔人对文明的贡献，一个重要特征就是文字的发明和使用。他们自从来到这个堆积着两条大河携带来的肥沃泥土的三角洲上重新立国之后，发现既没有故土那样的石头存在，也没有埃及那样的纸草生长，于是便发明了这样的书写方式：将软泥做成泥板，然后进行书写，书写完毕以后烤干，以便文书的保管。这就是著名的楔形文字的起源。

苏美尔人的科技发明和成就是出现了车轮的发明者。它发明于苏美尔时代初始之际即公元前3200年左右。苏美尔人可能是受陶轮的启发突发此想的，因为早在公元前4000年左右的伊朗轮子就已用于制陶业了，并在大约五百年后由伊朗传入苏美尔。此外，他们还发明了太阴历。即以月的圆缺来记录，周而复始为一个月。一年分12个月，其中有6个月各为30天，另6个月各为29天，全年共354天。这样每年比地球绕太阳一周的时间少11天多时间，于是他们又创立了设置闰年的办法。

苏美尔人在建筑方面也达到了古代很高的水平，最主要的建筑遗迹是塔庙。由于两河流域没有巨大的花岗石，苏美尔人便用砖块建造塔庙。苏美尔人习惯于在旧神庙原址上建新庙，因历代续建，神庙地

基变成了多层塔形的高台，顶端供奉着神龛。这种高台建筑，叫"吉古拉特"。

苏美尔人在造型艺术上早期以小型雕塑和镶嵌艺术为主。出土的面具、祭司组雕、公牛头（牛头竖琴）、"乌尔军旗"等，堪称当时的典范。后来，苏美尔人偏重于较大型的雕像和浮雕（纳拉姆辛石碑）。

苏美尔人的宗教发展程度不高，但宗教在他的生活中占有很重要的地位。他们崇拜许多神，如天神安努、地神恩利尔、水神埃阿、太阳神沙马什、月神辛、女神伊什塔尔等。苏美尔宗教有一个令人值得注意的特点：它不主张有什么极乐的和永恒的后世。由于宗教在苏美尔中有着重要的作用，祭司在当时社会中占据着重要的地位。祭司和管理人员（这两个词往往意义相同）需要学习楔形文字，因而神庙区内附设有学校，教授楔形文字和祭司等级需要掌握的其他知识，苏美尔的这些学校是现知人类文明史上最早的学校。

可见，苏美尔人是美索不达米亚文明的创建者。

历史，从苏美尔开始。

刻在石柱上的法典

1901年12月，由法国人和伊朗人组成的一支考古队，在伊朗西南部一个名叫苏萨的古城旧址上发现了一块黑色玄武石，几天以后又发现了两块，他们将三块石头拼合起来，恰好是一个椭圆柱形的石碑。

这块石碑高2.25米，底部圆周1.9米，顶部圆周1.65米。在石碑上半段那幅精致的浮雕中，古巴比伦人崇拜的太阳神沙马什，端坐在宝座上，古巴比伦王国国王汉谟拉比，恭敬地站在它的面前，沙马什正在将一把象征帝王权力标志的权标，授予汉谟拉比。整个浮雕画面庄严而稳重，表现了"君权神授"的观念。石碑的下半段，刻着汉谟拉比制订的一部法典，是用楔形文字书写的，其中有少数文字已被磨光。

这个石碑就是著名的"汉谟拉比法典"，也是世界上最早的一部比较系统的法典。它把我们带到了近4000年前的古巴比伦社会。

公元前1762年，汉谟拉比（阿摩利人）成为古巴比伦国王。汉谟拉比是一位很有才干的国王。他勤于朝政，关心农业、商业和畜牧业的发展。他在位43年，使巴比伦成为一个强盛的国家。汉谟拉比每天要处理的申诉案件实在太多，简直应付不了。他就让臣下把过去的一

些法律条文收集起来，再加上社会上已形成的习惯，编成了一部法典。汉谟拉比命令把法典刻在石柱上，竖立在巴比伦马都克大神殿里。

汉谟拉比法典分为序言、正文和结语三部分。法典的开头是汉穆拉比的一篇引言，他在引言中说，古时诸神早已预定，巴比伦应是世界上的至高无上者，巴比伦应担负起"让正义之光照耀整个大地，消灭一切罪人和恶人，使强者不能压迫弱者"的使命。引言下面是法典本文，正文共有282条，旨在明确地、永久地调整一切社会关系。其中包括诉讼手续、盗窃处理、租佃、雇佣、商业高利贷和债务、婚姻、遗产继承、奴隶地位等条文。

汉谟拉比法典比较全面地反映了当时的社会情况。在巴比伦社会中，除了奴隶主和奴隶，还有自由民。这部法典的很多条文是用来处理自由民的内部关系的。处理的原则就是"以牙抵牙，以眼还眼"。比如，两个自由民打架，一个人被打瞎了一只眼睛，对方就要同样被打瞎一只眼睛作为赔偿；被人打断了腿，也要把对方的腿打断；被人打掉牙齿，就要敲掉对方的牙齿。甚至有这样的规定：如果房屋坍塌，压死了房主的儿子，那么，建造这所房屋的人得拿自己的儿子抵命。此外，法典中还有一些保护商人和妇女儿童的条款。但对待奴隶，《汉谟拉比法典》却是非常严厉的，如：奴隶如果不承认他的主人，而主人又能证明他是自己的奴隶，这个奴隶就要被割去双耳。法典甚至规定奴隶打了自由民，要被处割耳之刑。

为了巩固奴隶主的统治，法典还规定了一些更严厉的条款：逃避兵役的人一律处死；破坏桥梁水利的人将受到严厉处罚甚至处死；帮助奴隶逃跑或藏匿逃亡奴隶，都要处死；如果违法的人在酒店进行密谋，店主如果不把这些人捉起来，店主也要被处死。巴比伦社会里自由民还包括租种土地的小农。他们也受着奴隶主的沉重剥削，他们每年要把收获量的1/3，甚至是1/2缴给出租土地的奴隶主。法典中还规定：债务奴隶劳动 3 年可以恢复自由。但这仅仅是给自由民的一点小恩小惠。奴隶主逼迫一些还不起债的自由民成为债务奴隶，反过来又用这种规定来笼络他们。

正是依靠这部法典，汉谟拉比时代的巴比伦社会，成为古代东方奴隶制国家中，统治最严密的国家。以下是法典的几个主要特点：

1. 施行同态复仇法，即奉行以眼还眼、以牙还牙的原则："如果一个人伤了贵族的眼睛，还伤其眼。如果一个人折了贵族的手足，还折其手足。"（法典第一百九十六条，第一百九十七条）

2. 阶级歧视。对下层社会的赔偿低于上层社会："如果贵族阶层的人打了贵族出身的人，须罚银一明那。如果任何人的奴隶打了自由民出身的人，处割耳之刑。"（法典第二百零三条，第二百零五条）

3. 施行严格的、保护商业界财产的规定："如果一个人盗窃了寺庙或商行的货物，处死刑；接受赃物者也处死刑。"（法典第六条）

4. 颁布许多"福利国家"的规定，包括：确定基本商品每年的价格，限制利息率在20%，周密地调整家庭关系，保证度量衡的信誉，城市负责对本侦破的抢劫案或凶杀案的受害者作出赔偿。"如果没有抓

获拦路的强盗，遭抢劫者须以发誓的方式说明自己的损失，然后由发生抢劫案的地方或地区的市长或地方长官偿还损失。""如果是一条性命（已失去），市长或地方长官须付银子一明那给死者亲属。"（法典第二十三条，第二十四条）

5.具有现代人之前各民族的共同特点——对过去、现在和将来持静止的观点。法典是作为神的命令，是为了人类的利益能受到公正的对待而颁布的。法典生动、尖刻地诅咒了以后任何敢于篡改法典的统治者："怨声载道的统治，寿命不会长，将出现连年饥荒、一片黑暗、突然死亡，……他的城市将毁灭，人民将离散，王国将更换，他的名字永远被人遗忘……他的幽魂'在地狱里'喝不到水。"

《汉谟拉比法典》是世界上最早的法典，它在古代西亚奴隶制法律的发展中占有重要地位。它对赫梯、亚述、新巴比伦、波斯等国的成文法律产生了重大的影响，亚述和希伯来人的法律均源于或直接采用《汉谟拉比法典》。

楔形文字的起源之谜

　　1472年，一个名叫巴布洛的意大利人，在古波斯，也就是今天的伊朗设拉子附近，一些古老寺庙残破不堪的墙壁上，见到了一种奇怪的、未曾见过的字体。它们几乎都有呈三角形的尖头，外形上很像钉子，也像打尖用的木楔。字体有的横卧，有的尖头朝上或朝下，还有的斜放着，看上去，就像是用一只尖利的指甲刻在墙壁上的痕迹。

　　巴布洛非常诧异。他想，这是文字吗？还是别的什么？带着这种疑惑，他回到了意大利，不时地又跟人提及，但没有人对他所说的感兴趣，甚至很快就淡忘了。人们哪里知道，这一奇怪的字体，其实就是人类最古老的文字——楔形文字。

　　一百多年后，又有一位意大利人造访了设拉子，他是瓦莱。瓦莱要比巴布洛勤奋，他把这些废墟上的字体抄了下来。而后又在今天伊拉克的古代遗址处，又发现了刻在泥版上的这种字体，从而他断定，这一定是古代西亚人的文字！瓦莱把他的发现带回了欧洲，并让欧洲人第一次知道了，世上原来有这样一种奇怪的文字。

　　后来，经过近两百年对美索不达米亚的考古发掘，语言学家对大

量泥板文献成功地进行了译读，人们终于知道楔形文字是已知的世界上最古老的文字。它是由古代苏美尔人发明而来，由阿卡德人加以继承和改造的，一种独特的文字体系。在后来的巴比伦和亚述人，也先后继承了这份宝贵的文化遗产，并把它传播到了西亚的其他地方。而西方人最先看到的楔形文字，是伊朗高原的波斯人加以改造了的楔形文字，与苏美尔人、阿卡德人、巴比伦人以及亚述人使用的楔形文字还有很大的不同。

但是，楔形文字的起源，却一直是人类文化史上的未解之谜。对这个问题，人们争论了将近两个世纪。基本上存在下列两种猜测。

较为通行的看法是，楔形文字起源，是在美索不达米亚特殊的渔猎生活方式中产生，这是传统的考古学家和历史学家观点，也是西方各种百科全书大都持有的一种观点。

也有学者持不同见解，认为楔形文字的起源与古代苏美尔地区发达的社会组织有密切关系，苏联科学院编的《世界通史》就持这一观点。该书在论述楔形文字的发明时写道："两河流域各族人民文化的最大成就，就是文字的创造。公元前第4千纪中叶，苏美尔人就有了文字的胚胎。为了行政管理，它需要比较有条理的通讯，于是，这种文字的胚胎遂变成真正的文字。"上述两种观点长期并存，相持不下。

然而，20世纪70年代起，考古天文学家却提出了一个爆炸性的观点，认为楔形文字起源于6000年前的一次天文事件——船帆座X号超新星的爆发，从而引起世界学术界对楔形文字起源的新一轮争论。

这一观点源于一个苏美尔学专家的假设。苏美尔学专家乔治·米查诺斯基在对楔形文字的研究中发现了一个现象，即在较早的泥板文书记载中大量出现对同一颗星的记录，因此他提出了苏美尔文明的起源与这颗星有关的假设。1980年，美国国家航空和宇宙航行局的天文学家里查德·斯特塞经过精确计算，论证了这一假设的合理性。他认为，米查诺斯基所说的这颗文明之星，就是6000年前爆发的船帆座X号超新星，这是人类历史上能记忆的最大一次天文事件。这颗星在今天只能勉强分辨，但在6000年前，其光芒白天可以与太阳同辉，夜晚与月亮并悬，在两河的水面上拉开了一条长长的光带。可以想象，这种神秘的自然现象给早期人类带来的心理影响是巨大的。他们对这颗星的敬畏和崇拜演化成了神话和宗教，关于这颗星的图画就演变成了最初的文字。专家们果然发现，在楔形文字中最早和最多使用的两个字是"星"和"神"，而这两个字惊人地相似。

来自自然科学的探索是令人振奋的，它对楔形文字的起源提出了全新的见解。但是，很多学者也提出了怀疑，一颗新星的爆发是否真的具有创造人类文明的威力？这是否说明，楔形文字与世界上其他文字发展的一般规律完全不同？另外，来自亚述和巴比伦的考古发掘成果也证明，美索不达米亚人确实把文字看得很神圣，对文字极其敬畏，认为人生的命运是靠文字规范的。因此他们常常随身佩戴刻有文字的护身符，修建神庙或宫殿时也常常在地基中放置文字碑板，向神祈祷。凡此种种，都给楔形文字蒙上了一层神秘色彩。

至今，关于楔形文字起源的研究仍在继续，但不管怎么说，这种至今为止被发现的最古老的文字，为我们研究两河流域的文明史提供了最直接的帮助。

奇特的材料和泥板文字

楔形文字是两河流域的特有文字，其书写材料、工具和技巧在世上独一无二，这与两河流域的自然条件、地理环境密切相关。

两河流域木材稀少，石头缺乏，却有着得天独厚的两河冲积平原的泥土。这些泥土土质好、有黏性，而且取之不尽。聪明的苏美尔人把它制成泥版作为书写材料。这种书写材料比起纸草、羊皮纸、木材等书写材料来，具有两大优点：一是及时取用、造价低廉；二是坚固耐用、保存持久。在古代埃及，由于主要的书写材料纸草不易保存，文献的失传造成了埃及文明的断层。相比之下，亚述学者比埃及学者遇到的困难要小得多，这主要归功于美索不达米亚人独特的书写材料。

书写用的笔通常是用芦苇做成的，有时也用其他材料，如木材、兽骨等。正是苏美尔人独特的书写材料和书写工具，使古苏美尔形成与世界上其他古文明国家不同的文字发展特征。

泥版的制作过程是这样的：先把黏土使劲揉搓，根据需要做成大小不一的长方形状，并把棱角磨圆。一般是一面较为平坦，而另一面凸出。泥版做好后，就可以在上面书写了。书吏首先用细绳在上面画

好格子，然后用芦苇笔或其他的书写工具在泥版上刻字或画图。泥版的两面都可以刻字，但为了避免把另一面擦掉，书写时通常要先刻平滑的一面，然后再把泥版翻过来，在凸面刻写。小的泥版可以拿在手上刻写，大的则把它放在特制的架子上。两面写完后，就把它晾干或烧制，经过晒干或火烤的泥版非常坚硬，印刻在上面的文字或图案可以长久保存。现在考古发掘的泥版最古老的有5000多年的历史！泥版书是无法装订的，如果一块泥版写不下一篇文章，那么几块泥版上都有全书的标题和编号，而且下块泥版一般要重复上块泥版最后一行字，以便读者查寻。如《吉尔伽美什》史诗的开始是"关于见过的一切人"，这句话就成为全书的标题，这部史诗共写了12块泥版。这样的泥版文书，在尼尼微遗址就发掘到2万块以上，现在总共约有几十万块，涉及政治、经济、文学、艺术等各个方面的内容。

美索不达米亚人还发明了独特的书写技巧。为减少不断刻写手工劳动的工作量，他们还发明了两项有意义的刻写技术：一是泥土印章，很像中国印刷术中的活字；另一项重大的发明是圆筒印章，他们把文字刻在圆柱上，然后圆柱在湿润的泥版上滚动，将圆柱上的字印到泥版上，这有点像今天的印刷。

泥版保存与保密也别具特色，经过晒干和烘烤的泥版坚固耐用，可以长久保存。但存放起来并不十分方便，如果拿我们现在用的约50页的32开本写在泥版上，就会有50公斤的重量！因此，泥版的存放和书籍完全不一样。在图书馆里，成套的泥版要用绳子捆起来，附上标示这些泥版内容的一小块泥版，放在架子上或书库里。也有的用篮子或泥坛、泥罐存放。一些重要的文件或者需要保密的书信，则采用一种特殊的"信封泥版"来保存。即用另一块泥版盖在印有重要文件的泥版上，用软泥封住两块泥版的四边并盖上印章，在外部泥版的表面，往往刻有该文件的副本或内容概要。这种方法可以有效防止泥版意外损坏或伪造和篡改。信件也是这样，把写有信的泥版包上一层薄薄的黏土，收信人接到信后，只要把这层黏土去掉就可以读到信件的内容了。

除泥版是最主要的书写材料之外，石料、木板、象牙以及金属也曾派上用场。石料和木板在美索不达米亚是稀罕之物，木板文书由于不易保存，现在早已湮没无影；石料是最坚固耐用的，因其稀少，则是神庙或皇室专用，或用作界碑。迄今发现的石刻，绝大多数属于"皇家铭文"。在金属上刻写楔形文字，仅限于一些金属器物如青铜刀、剑、银碗或金板等，一般是在上面刻写所有者或所献祭神的名字，文字大多比较简短。值得一提的是，在亚述国王萨尔贡二世（公元前722年—公元前705年在位）时期的一份材料中，曾出现了"纸草"一词，推定当时曾用纸草作为书写材料，估计是从埃及传过来的。

巴比伦帝国的兴衰

历史上曾存在两个巴比伦帝国，这里说的是第一个巴比伦帝国，为与后来的巴比伦帝国区别，习惯上又把它称为"古巴比伦王国"。古巴比伦的崛起标志着美索不达米亚文明进入了第二个重要阶段。

巴比伦最初不过是幼发拉底河边的一个不知名的小城市。在阿卡德人的一块碑文中，列举了许多被征服的城市，其中就有巴比伦的名字。在公元前2200年左右，来自叙利亚草原的另一支闪族阿摩利人攻占这座小城，建立了国家。骁勇善战、争强尚武的阿摩利人以此为中心，南征北讨，四处征战，最终建立了一个强大的巴比伦帝国，历史上称之为"古巴比伦王国"。阿摩利人也因此被称为巴比伦人。巴比伦人继承了苏美尔人和阿卡德人的文明成果并发扬光大，在苏美尔人的基础上，把美索不达米亚文明发展到了顶峰，创造了更加绚丽的文明。人们喜欢用"巴比伦"三个字来概括古代两河流域文明，足以表明巴比伦文明所创造的辉煌业绩和对世人所具有的魅力。

公元前1792年，汉谟拉比缔造了巴比伦帝国，建立了君权神授的中央集权制度。他不仅设立了中央政府机构，还派总督管理较大的地区，城市和较小的地区则派行政长官管理。而全国大小官员都由汉谟拉比亲自任命。他还建立了一支庞大的常备军，而且独揽了军事大权。汉谟拉比的专制统治还表现在对经济方面的控制。国家对地方征收各种赋税，并统一管理全国的水利系统。他在位时，重视水利工程的兴修，在基什和波斯湾之间开凿了一条运河。泥板文书记载，这条运河的开凿，不但使大片荒地变成良田，而且使南部许多城市永绝水患之灾。总之，在汉谟拉比时代，豪华雄伟的宫殿，巍峨壮丽的神庙，横跨幼发拉底河的大桥，跨海运输的商船……这一切都无不显示巴比伦的辉煌与兴盛。巴比伦城不仅是强大王国的首都，而且成为世界性的大都会。

汉谟拉比最大的贡献是颁布了《汉谟拉比法典》。这部著名法典的前言中，对汉谟拉比的神化和丰功伟绩的盛赞是绝无仅有的："当神圣庄严的安努，安努纳基之王以及贝勒，皇天后土的主宰、兼巴比伦命运的决定者，伴同马尔都克，对全人类进行统治时……当诸神郑重提及巴比伦之名时，当诸神就全世界特别选定巴比伦，并在这里建立一万年坚固不催的王国时，安努及贝勒叫道：汉谟拉比，值得称赞的人君，诸神的虔诚者，你当使正义传播四方，你当铲除邪恶、抑强扶弱……你当教化万民、增进福祉。……你满足了百姓的需要；你保全了巴比伦的生命财产，你确是我们的忠心奴仆。你的所作所为，使我们深感高兴。"在法国巴黎的卢浮宫里，我们至今仍然可以看到世界上迄今为止保存最完整和最早的成文法典——《汉谟拉比法典》，法典对

研究古巴比伦王国具有很高的学术价值。

汉谟拉比时期后，巴比伦王国由盛而衰，约在公元前1595年被北方入侵的赫梯人所灭。一千多年后，从西部沙漠迁来的又一支闪族迦勒底人，他们在巴比伦建立了巴比伦历史上最后一个独立王朝，再现了古巴比伦帝国昔日的辉煌。因此，迦勒底王朝在历史上又被称为"新巴比伦王国"。

新巴比伦王国的灭亡

  战胜了亚述的迦勒底人在巴比伦建立了一个新的国家。为了和那个被亚述灭掉的古巴比伦王国区别开来,人们把它叫作新巴比伦王国。尼布甲尼撒二世是新巴比伦王国最著名的国王,他的声名与"巴比伦之囚"和"空中花园"连在一起。

  "巴比伦之囚"缘起于公元前601年。这一年尼布甲尼撒再度与埃及交战,结果折翼而返。3年来一直臣服于尼布甲尼撒的犹太国王约雅敬,便趁机脱离新巴比伦,投向了埃及的怀抱。尼布甲尼撒在听到犹太国王投降的消息之后,大发雷霆,发誓要踏平耶路撒冷。公元前598年底,投降埃及的犹太国王约雅敬死去,他的儿子约雅斤即位。尼布甲尼撒认为进攻犹太王国的时机已到,亲自率领大军攻向耶路撒冷。经过两个多月的围攻,在犹太内部亲巴比伦派的推动下,犹太国王带着所有的大臣一起出城投降。尼布甲尼撒废黜了约雅斤,封约雅斤的叔叔为犹太王,并为其改名西底家,让他宣誓效忠新巴比伦王国,不得反叛。然后下令将犹太王室的大部分成员和犹太的能工巧匠一起押往巴比伦。临行前,又下令部下对耶路撒冷的神庙进行洗劫。

公元前588年，埃及向巴勒斯坦地区发动了进攻。犹太国王西底家和这一地区其他臣服于新巴比伦的小国，这时纷纷起来响应埃及人。不久，尼布甲尼撒又一次率新巴比伦军队对耶路撒冷发动了第二次围攻。这次围攻历时18个月。由于饥荒和内部分裂，耶路撒冷终于在公元前586年陷落。尼布甲尼撒对一反再反的犹太国王无比的痛恨，下令在犹太国王西底家的面前杀死他的几个儿子，然后又剜去了西底家的眼睛。当已经双目失明的西底家押到尼布甲尼撒面前时，尼布甲尼撒对他说："这就是你们背叛我的下场！"然后下令用铜链锁着西底家把他带到巴比伦去示众。耶路撒冷全城被洗劫一空。城墙被拆毁，神庙、王宫和许多民宅被焚烧。全城活着的居民几乎全被掳到巴比伦。这就是历史上有名的"巴比伦之囚"。

对犹太人来讲，沦为"巴比伦之囚"是一次惨痛的经历。犹太的先知文学，对尼布甲尼撒对耶路撒冷的围攻和"巴比伦之囚"的记述，都保存在《圣经·旧约全书》中，尼布甲尼撒在那里被说成是上帝惩罚犹太人罪恶的工具。

在尼布甲尼撒统治时期，新巴比伦王国的政治相对稳定，经济生活繁荣。为了显示他的文治武功，尼布甲尼撒下令重修巴比伦城，把首都巴比伦城建成一座堡垒般的城市。它的规模就是用今天的标准来看，也是非常壮观的。城市是方形的，每边长22.2公里。围绕城市的城墙大约有8.5米高，是用砖砌和油漆浇灌而成的。4匹马拉的战车可以在宽阔的城墙上奔驰。全城有100扇用铜做成的城门，因此希腊大诗人荷马又把巴比伦城称为"百门之都"。城墙的两端起于幼发拉底河畔。河对岸是巴比伦的新城区，一座大桥横跨幼发拉底河，使新城区与主城连在一起。所以，这座城墙不仅是巴比伦人用来抵御敌人的主要屏障，而且也是一道保护巴比伦城不受河水泛滥之害的可靠堤防，同时幼发拉底河也成了可有效抵御外侵的一条护城河。

而闻名全球的巴比伦伟大建筑——"空中花园"，则来源于一个美丽的爱情故事。公元前614年，尼布甲尼撒即位后不久，就娶米堤亚（现今的伊朗）公主赛米拉斯做王后。但是，这位王后一到巴比伦，只见一片平原，满地黄土，不觉生起思乡病来，茶不思，饭不想，本来非常美丽的公主，变得愁眉紧锁，容颜憔悴。

这下可急坏了尼布甲尼撒。原来伊朗高原是王后的故乡，那里山峦起伏，森林茂密。可是，在巴比伦连一块石头都不易找到。于是，他下令召集了几万名能工巧匠，用人工堆了一座每边长120多米，高25米（用石柱和石板一层一层向上堆砌，直达高空）的大假山。假山共7层，每层铺上浸透柏油的柳条垫，以防渗水。为了防止万一，上面再铺两层砖头，还浇铸了一层铅。经过这些措施以后，才在上面一层一层地培上肥沃的泥土，种植许多奇花异草。这些花木远看好像长在空中，所以叫作"空中花园"。可空中种了花木，浇水又成了大问题。于是，建筑师们特意在顶上设计了机械的提灌设备，用螺旋泵不断地从幼发拉底河里取水。这在当时，是一项多么艰难的大工程！不愧为"悬挂的天堂"，世界七大奇迹之一。

空中花园里，除了奇花异草，还建造了富丽堂皇的宫殿，这样国王和王后就可以在这座宫殿里浏览全城的风光。据说，米堤亚公主从此兴高采烈，思乡病一下子全好了。

国王尼布甲尼撒在位期间（公元前605年—公元前562年），巴比伦的国力最为强大，巴比伦城人口达到10多万，且因地处交通要冲，世界各国的商人都到这里来，是当时亚洲西部著名的商业和文化中心，被称为"上天的门户"，奴隶制经济也有了很大发展。但是，在强盛的背后，已经埋伏了危机，被征服的外族人对巴比伦奴隶主的仇恨和反抗不断发生，本族的贫民和农民因破产沦为奴隶，加剧了国内的阶级矛盾，奴隶主阶级内部争权夺利的矛盾也越来越激烈。尼布甲尼撒死后，国内政局立即动荡起来，6年中8个国王被废，其中两个被杀。在东面，力量越来越强大的波斯帝国征服了巴比伦的盟邦米堤亚，对巴比伦形成了大军压境的局面。

可是巴比伦的奴隶主们仍忙于争权夺利，纵情享乐，他们以为他们的城墙是那样高大而坚固，谁也攻不破。他们万万没有想到，敌人会利用穿过城墙的幼发拉底河打进来。一天晚上，巴比伦的一个年轻王子正在举行狂欢宴会。波斯王居鲁士下令在幼发拉底河中修筑了一座水坝，把河水放到坝的一边去。他的军队从另一边放干水的河床中偷偷进入城里，未经交战就占领了巴比伦。据说，有一些巴比伦商人做了波斯人的内应。这件事发生在公元前538年。

存在仅88年的新巴比伦王国灭亡了。巴比伦的繁华、巴比伦的奇迹、巴比伦的高墙铜门和它的"空中花园"，都变成了一堆堆的荒丘废土。

当然，巴比伦文明还向人类贡献了天文学、数学、医药学方面的早期成果，无法一一细述。可以确证的是，法典老了，血汗干了，花园塌了。此后2000多年，波斯人来了，马其顿人来了，阿拉伯人来了，蒙古人来了，土耳其人来了……谁都想在这里重新开创自己的历史，因此都不把巴比伦文明当一回事，只有一些偶然的遗落供后世的考古学家拿着放大镜细细寻找。

持久稳定的尼罗河文明

尼罗河文明，即古埃及文明，它产生于公元前3000年左右，在非洲大陆的东北部，它像一片靓丽的文明之叶镶嵌在尼罗河的下游，在纪元前三千多年的时光里，散发着迷人的光辉。

尼罗河文明诞生于古埃及，那里地处亚非大陆交界，从邈远的古代起，埃及人就繁衍生息在蜿蜒如带的尼罗河两岸。与两河流域不同，古埃及西邻利比亚沙漠，东邻居拉伯沙漠，南有努比亚沙漠和飞流直泻的大瀑布，而北面，是三角洲地区里没有港湾的海岸。在这些自然屏障的怀抱中，古埃及人安全自得地栖息，无须遭受蛮族入侵所带来的恐惧与苦难，生活在这样安全的环境里，他们性格沉稳，自信乐观，差不多有1000年的时间里一直过着和平稳定的生活，并在此期间，以其丰富的资源发展了自己独特的文明，古代埃及人的特征是：高身材，黑头发，低额头，密睫毛，黑眼珠，直鼻子，宽脸型，阔肩膀，黑皮肤，体魄健壮。他们的体形、外貌与古代的利比亚人和努比亚人不同，也与古代的亚细亚人不同，而具有自己独有的特征。

古代埃及的农业是最主要的经济基础。作为"尼罗河的赠礼"，古埃及每年都有尼罗河水发生泛滥，从而河谷堆积上一层厚厚的淤泥，因而埃及的土地肥沃，庄稼一年基本上都可以达到三熟。如此得天独厚的自然环境和自然条件下，古埃及的历史总是显得比较单纯，从约公元前332年，到亚历山大大帝征服埃及为止，共经历了三十一个王朝。其间虽然经历过内部动乱和短暂的外族入侵，但总的来说，政治状况较为稳定。

古埃及的文字最初是一种单纯象形文字，经过长期的演变，形成了由字母、音符和词组组成的复合象形文字体系。今见古埃及文字多刻于金字塔、方尖碑、庙宇墙壁和棺椁等一些神圣的地方。

埃及盛产的一种植物——莎草，其茎干部切成薄的长条压平晒干，可以用作书写。这种纸草文书有少数流传至今。

古埃及对天文学和数学所做出的贡献，足以和两河文明相媲美。他们创造了人类历史上最早的太阳历，把一年确定为365天。现在世界上通用的公历，其渊源来自于此。

古埃及人很早就采用了十进制记数法，他们仍然没有"零"的概念。他们的算术主要是加减法，乘除法化成加减法做。埃及算术最具特色的是已经初步掌握了分数的概念。

在几何学方面，埃及人已知道圆面积的计算方法，但却没有圆周率的概念。他们还能计算矩形、三角形和梯形的面积，以及立方体、箱体和柱体的体积。

埃及的医学成就比美索不达米亚突出。埃及人制作的木乃伊与他

们的金字塔一样举世闻名。制作木乃伊增长了埃及人的解剖知识，因而使他们的内外科相当发达，他们的医术分工很细，据说每个医生只治一种病。

古埃及人最重要的精神生活是宗教，关心死亡，为来世（特别是国王的来世）做好物质准备，是埃及宗教信仰的一个主要特征。埃及人崇拜太阳神，特别在法老政权强化以后，埃及兴起了崇拜太阳神的一神运动。太阳神拉，后来又叫阿蒙拉是埃及的最高神，国王法老则被视为太阳神的化身。法老既然作为神王，其权力也就被神化，因而埃及没有什么严密的法律制度，法老的话就是法律。这种国家对经济生活的绝对控制，也是埃及文明的显著特征。

古埃及的金字塔是埃及建筑艺术的典型代表，也是在国家控制下的埃及劳工最著名的集体劳动成果。埃及境内现有金字塔七八十座，最为人们所熟悉的是尼罗河下游西岸，吉萨一带的金字塔，其中第四王朝法老胡夫的金字塔最大，是古代世界七大奇观中唯一现存的古迹。除金字塔之外，埃及的神庙、殿堂等建筑也颇为宏伟壮观。相形之下，埃及的人物雕像显得呆板冷漠，埃及的木乃伊文化令外人难以理解。此外，埃及工匠制造奢侈品的技术举世公认，埃及人还最早发明了美容品，发展了制造美容品的技术。

纵观埃及文明，它在物质层面上可谓空前，精神层面的贡献也堪称绝后，漫长而厚重的历史，赋予了它丰富多彩的社会生活及高深精妙的文化，从文学、宗教、科学、建筑到雕刻、绘画、音乐和舞蹈，埃及人无所不精。埃及文明的丰富内涵还表现在其独特的历史进程上，在大约三千年之久的法老时代，埃及的土地出现的大大小小三十多个王朝，共同演绎了埃及人的前进之旅，而埃及文明却最终没有将本身的卓越向更深广的维度延伸，在悠远绵渺的时空浓艳馥郁地绽放之后，这朵人类文明的奇葩就溘然沉闭，如此一个具有诱惑力的对象，自然会勾起人们了解与探究的欲望。

埃及文明的背后到底隐藏着什么秘密？埃及人是如何创造了盛极一时的辉煌文明的？他们最终去了哪里？现代埃及跟古代埃及存在着怎样的联系，这一系列问题，无时无刻都挑战着后世人们丰富的想象力。

古埃及文化的固有传统

　　发源于尼罗河流域的古埃及文明，以其辉煌的文化成就令人赞叹不已，在近3000年的法老时代，古埃及人始终保持着其民族固有文化传统。以象形文字为例，古埃及人早在公元前3500年就创造了文字，到公元前3100年左右就已形成了完整的象形文字体系，这标志着埃及文明已经成熟。象形文字对保持古代埃及文化的稳定起到了重要作用，并成为法老时代官方使用的主要文字。在古代埃及，虽然后来有了书写更为简化的祭司体文字和世俗体文字，但象形文字并没有被废弃，仍固定用于书写官方和神庙的文献，甚至到了托勒密王朝时期，神庙祭司仍在使用象形文字撰写铭文，著名的《罗塞达石碑》上就铭刻这样的文字。

　　古埃及文化固有的特点也反映在宗教信仰方面，他们相信死亡只是来世的一种准备，最为重要的在于要把死者在来世所用的东西准备好，在古代埃及一直盛行着对死者实行厚葬之风，法老时代凡是能修起正式坟墓的埃及人，从在世之时起，都会不惜钱财去办理他们认为"死后之年"必备的各种物品来装饰坟墓。虽然差不多世界上所有的古代民族都有过在死者坟墓里放置随葬品的习俗，但从来没有一个民族像古埃及人那样生前就为冥世的生活进行不遗余力的准备。对冥世深信不疑的观念，使他们在告别尘世之时就把一切能用得上的物品连同他们的遗体一起埋入坟墓，以便在冥世继续享用。即使是在最为简陋的坟墓当中，死者遗体身边也会摆放几个陶罐、一些工具和几件个人用品。家境富裕的人们能够修造得起精致的坟墓，里面配置一些家具、供品和衣物。对于无法埋入坟墓的物品，古埃及人就代之以模型，这些模型的制作精巧，跟真品毫无二致。5000多年来，古埃及人一直把他们文明所创造的一切物品如碟盘、衣服、家具、珠宝、雕像、饰物、书籍等和死者的木乃伊一起埋入天然防腐的沙土里。

古埃及人生来讲求实际，墨守成规，客观上有助于保存他们的文明成果，尽管他们晚期也经常遭受外族的入侵和统治，各个方面都受到外来文化的影响，但他们对于古老的习俗还是信守不渝，尤其对宗教上的许多传统是决不会抛弃的。地理和自然条件对于古物的保护也大有帮助，尼罗河两岸的土地大部分是沙漠，每年很少或者根本不会下雨，随葬的物品在干沙覆盖下不会受到什么损害。在埃及，几乎没有什么埋在沙土里的珍宝会腐烂，就是挖出来最精致的雕刻品，也是完美如新的，虽然埋在沙里过了几千年，却像刚刚由艺术家完成的一样，干燥的沙土能永远保存一切。因此，我们今天才能得到有关古埃及文明一套较为完整的记载，使古代埃及文化的许多遗产保存至今。

古埃及文化在艺术领域中的一个明显的特点，就是其艺术自成体

系，程式严峻，而且几千年一成不变。在古埃及人的浮雕和绘画作品里，人像造型必须遵照严格的侧头正胸式的基本法则，即表现人站立、行走时，头和面孔必须以侧面形式表现，双肩和胸部则以正面表现，而双脚又是侧面的。这种造型最早出现在约公元前4500年—公元前3100年的蝎王权标头上。从第1王朝之始的纳尔迈调色板上可以看出，侧头正胸的表现手法已经相当成熟，此后形成固定的模式，法老时代一直被奉为圭臬。对于表现法老的形象，这种"规范"化的程式要求就更为严格，法老必须画得要高大，占据画面的中心位置。因为在古代埃及这样一个王权神授的国度里，法老就是在世的神，艺术作品表现法老的形象必须按照"应有"的样子，而不是根据实际看到的样子去塑造，必须把人神一体的君主表现得尽可能的充分和完美，由此确定的一套人像程序，作为官定模式而用于一切艺术作品。所以，埃及的浮雕和绘画中的人像面貌，令人一眼就能看得出来，而且给人留下的印象也是深刻的。这一艺术风格一旦形成便流行于整个法老时代，历时近3000年而不衰，同时也构成了古埃及文化突出的一个特点。

阅读了延绵三千多年的古埃及文化，虽然它在年代上离我们较为遥远，但由于保留的文化遗产，内容丰富，影响深远，令我们今天看来，在某些方面仍比任何其他古老文明更为亲切。我们仿佛能理解，他们从图拉矿石场拉来石灰石，从阿马纳遗址采石场采得雪花石膏，从法尤姆觅取石英石，从阿斯文的第一瀑布旁调遣花岗石，塑造出精美绝伦的雕像，绘制脍炙人口的壁画；我们还能从那神奇的纸莎草纸上，寻觅出石碑上以图形表现的象形文字，向便于书写的祭司体文字之演变，领略出古埃及的丧葬仪式、房屋结构、室内摆设、化妆用具、玻璃器皿、金银首饰和各类指环的奇妙。从中，我们还可以清晰地洞察出尼罗河文明与古埃及文化的内在联系，在这里，它不仅揭示了人类思想史上人与自然关系上的初步思考，也让我们了解到，在文化积淀过程中的历时性和综合性。

或许，在纤腰、丰胸、长臂的妇人画像，在以"侧面人像、正面眼睛"为特征的多视角绘画艺术中，我们还能寻找到现代艺术思维的初始驻足地。可以相信，这一切带给我们的，不仅是无尽的遐想和长久的回味，更揭开了人类文明史的尾声，让古埃及文明成为一颗最灿烂耀眼的明星，闪烁在世界文明史的长河里。

君主专制国度里的法老

"法老"是古埃及国王的尊称，也是一个神秘的名字，它是埃及语的希伯来文音译，其象形文字写作，意为大房屋。在古王国时代，它仅指王宫，并不涉及国王本身，而从新王国第十八王朝图特摩斯三世起，则开始用于国王自身，并逐渐演变成对国王本身的一种尊称，第二十二王朝以后，它成为国王的正式头衔。

埃及法老既是历史人物，也是神话角色，在古埃及人的传统观念中，法老是神在人间的代理，人与神交流的中介，他们自称自己为"太阳神之子"，以此表明自己的神性。法老统治是神定秩序的一部分，是理想的社会状态。

法老作为奴隶制专制政权的君主，掌管着全国军政、司法和宗教大权。

法老在位时，通常调集全国的财力、人力、物力为自己建造陵墓，法老往往也为自己建造神庙，把自己的雕像和神像放在一起接受臣民的膜拜。在古埃及3000年的君主专制统治中，法老始终是历史舞台的主角，法老作为国家权力的象征和代表，严格控制着国家的政治经济和宗教文化。

法老对全国的土地享有最高的支配权，法老不但自己占有许多土地，而且还常常把大片土地赠给神庙，或赏赐给大臣、贵族以及其他亲信。法老对国家土地的这种绝对支配权，是古代埃及君主专制政体赖以存在的基础。法老对全国的土地、人口、黄金和牲畜每两年一次的清查，从早王朝时期就已经开始了，这种普查土地和财产制度，为古王国历代法老所沿袭，《巴勒莫石碑》铭文中对此有过明确的记录。仅以第五王朝的萨胡拉在位时的清查活动为例，铭文中记载就有七次，足见法老对清查活动之重视。经过频繁和严格的清查后，全国的土地、人口、牲畜全部登记入册，成为国家档案的重要组成部分，并直接由法老控制调用。由此可见，法老对全国的土地、财物以及臣民的控制达到了何等严密的程度。这种情形在古代东方社会里是极为少见的，"普天之下，莫非王土，率土之滨，莫非王臣"，这正是古代埃及社会的真实写照。

为了保证国家的基本税收，法老将全国大部分土地分配给农民使用，而且不允许农民离开土地。由于尼罗河年年泛滥，地界每被覆盖一次，农民的土地需重新登记和分配，因此，古代埃及在土地管理方面，比历史任何一个国家都要严格。尼罗河泛滥，洪水量变化无常，有时水量大到所过之处全被淹没，造成极大灾害，有时却小到不足提供灌溉之用，播种面积减少，粮食就会减产。如果尼罗河一连几年水位过低，必然发生饥荒，同时，必须保证无论任何情况下，都有足够

的种子供下一季播种，所以，储粮备荒成为法老中央政府的一项十分重要的职责。法老在上下埃及分设粮仓，丰收之年尽量多备粮食，并限制居民的消费，以补救总会发生的突然灾荒。法老作为国家的最高统治者时刻掌握粮库储备量，以便在需要之时，将粮库存粮合理地分发到灾荒最为严重的地区。

在古代的埃及，最能体现法老对国家经济的严格控制，莫过于法老对全国水利灌溉系统的控制。古埃及人口较为稠密，聚集在狭长的尼罗河谷地，为了维持全体居民的生计，必须治理好尼罗河，国家命脉全靠灌溉和控制这条大河。尼罗河的水利灌溉活动早在前王朝末期就已经开始了，在希拉康波里出土的蝎王权标头上，可以看到蝎王手持锄头站在河岸主持河渠奠基仪式的场面。前王朝时期（约公元前4500年—公元前3100年），埃及出现的最早国家"帕斯特"的象形文字，也是一块被交错的灌溉渠道分隔开的土地。显然在那时，埃及就已经有了灌溉活动。进入法老时代后，随着上下埃及的统一，全国范围内的灌溉网逐渐形成，这些布满全埃及的灌溉网络，从一开始就被置于国家的严格控制和统一管理之下，成为中央政权重要的一项社会职能。早在第一、第二王朝，就设专人对尼罗河水位进行观测和记录。水位的记录一方面可供国家水利措施做参考，一方面也是为预算产量和厘定税额提供依据。在《巴勒莫石碑》铭文中关于对早王朝时期尼罗河水每年泛滥高度的记录，就是一个明显的例证。

埃及历代统治者在夸耀自己功绩的时候，也总是把开凿水渠、整修堤坝放在重要地位。相传美尼斯受人称赞的一个功绩，就是修建了一道堤坝将孟斐斯和尼罗河隔开，当他修堤而使这个地方成为干地的时候，他就第一个在那里建立了一座现在称为孟斐斯的城。后来埃及历朝历代的统治者，也都常以治水有方，作为自己的最重要政绩。

法老对国家行政权力也有着绝对的控制权，在古王国时期，法老是国家权力的象征和代表，国王之下设有宰相，主持日常政务，主管行政、司法、经济和宗教事务。他拥有相当大的权力，但并不具有决策权和军权，他和其他高级官吏都由国王任命，他们对国王负责，并对国王的宠惠感恩戴德。

军队由法老严格地控制，法老直接统率，战时御驾亲征，有时虽派人率军远征，但也要经常回来向他报告情况，军队大概由常备军和临时征召的部队两部分组成。驻守在边境要塞的多半是常备军。战时临时征召部队，这在《大臣乌尼传》中有明确的记载。

法老在司法权上也大权独揽，古代埃及不见法典之类的法律文献传世，虽然在一些资料中提及过有法律纸卷、法律皮卷之类，但现代的人们从未见过。在古代埃及，国王的话就是法律。国王可颁布相当于法律的敕令，涉及古王国末期神庙经济的若干敕令很多被保留了下来。古代埃及有两种法庭：世俗法庭和神庙法庭。世俗法庭由维西尔担任最高法官，一般的重大案件由他审理，但国王可插手司法审判，并可越过宰相自行任命法官审理案件，《大臣乌尼传》中就说到国王任命乌尼为法官审理内宫的秘密案件。神庙法庭一般只处理一些不很重

要的民事纠纷。

  尽管君主专制国家里的法老拥有至高无上的权利，是神，受万众顶礼膜拜，但法老也是人，有着人的血肉之躯和喜怒哀乐，他们一样或神勇睿智，或胆小懦弱，或乖张暴戾，或温和仁爱，一些法老的名字已随着历史的流逝而被人遗忘，而另一些法老的名字却在石碑或神庙的墙壁上留下痕迹。在法老的生活里，女性也占着极其重要的地位，由此而流传着的那些柔肠香艳的故事，她们或因美丽，或因智慧，或因柔情，在古代埃及法老的生命中，演绎着一个又一个的动人故事。

女法老和女法老的传说

在古埃及，被正式承认的女性法老很少，因为法老的职务通常只留给男性，王位的继承权属于长子，只有当缺少长子又没有具备王室血统的其他男性时，才有可能把治理国家的权力交给女性。但王室的妇女有着非常特殊的地位，法老通过与嫡出的公主联姻证明自己继位的合法性。王室血统的纯洁性是靠王室女子来维系的。

在古埃及的女法老中，统治时间最长的女法老是哈特谢朴苏特（Hatshepsut），她独自执政时期大约是公元前1472年至公元前1458年。在长达15年的王权统治中，她进行着艰苦卓绝的努力，成为最有分量的埃及女法老之一。

哈特谢朴苏特原来是国王图特摩斯一世和妻子雅赫摩斯的独生女儿，在历史上的女法老中，她是唯一活到她父亲去世并且可以合法觊觎王位的人，图特摩斯一世死后，由于哈特谢朴苏特是女性，王位被她的异母兄弟图特摩斯二世继承，图特摩斯二世是她国王父亲与王妃所生的儿子，为了使王室的血统更纯洁，哈特谢

朴苏特又被嫁给图特摩斯二世做妻子，就在她还未给图特摩斯二世生下继承人之前，图特摩斯二世辞世。此时，哈特谢朴苏特就又有了一次登上王位的机会，可她的侄子此时又被推举出来，成为图特摩斯三世。由于图特摩斯三世登基时还是个孩子，因此，哈特谢朴苏特被赋予了摄政王的称号，实际上她才握有真正的统治权。

至此，野心勃勃的哈特谢朴苏特并没有满足，她一心想成为真正的女王坐在法老的位置上。她利用了宗教为自己铺垫了加冕之路，首先从祖母雅赫摩斯—妮菲塔丽那里继承了‘阿蒙神（诸神之王）之妻’的称号，这个称号的继承大大地帮助了她，这可以让法老把自己变成神权合法化的唯一继承人。"阿蒙神之妻"的这个圣称赋予女性以极大的宗教和政治权威，也正是这种角色，使哈特谢朴苏特在登基时也得到了众多王室高官的支持。这种支持也来自她擅于用诡秘和怪异的方法将自己"包装"。哈特谢朴苏特从加冕开始，便让人把她装扮成一位男性法老的模样，她戴着假胡须，在法老的王冠上带着标有她名字的王室漩涡花饰。她小心翼翼，尽量避免同传统的观念发生冲突，却仍未幸免被人指责为篡权，在她死后，人们发现，在她在位期间的所有政绩作品中，所签发的文件中都没有她的名字，有考古学家从资料中推测，是因为他的侄子图特摩斯三世不满于她的所作所为，在她死后自己登基时，对她进行的报复，可不管怎么说，她终归成为埃及历史上执政时间最长的女法老，在埃及的法老史上留下了亮丽的一笔。

埃及另一个传说中的女法老是美丽的奈费尔提蒂。

1912年12月6日，当考古学家在尼罗河沿岸阿玛纳附近的沙漠中挖掘时，发现了一尊非常美丽的女性半身石膏像，石膏像的王冠下，一张漂亮而华美的面容端庄秀丽，长而细的脖颈，温柔而专注的目光，脸上有着略带矜持而灿烂的微笑。她就是公元前1352年到公元前1336年间的阿赫那顿法老的妻子——奈费尔提蒂。

从古埃及文物学家们不同假设拼凑起来的线索中，一些学者认为，奈费尔提蒂开始并不是埃及人，而是北叙利亚幼发拉底河畔米坦尼国的一位公主，为了缔结联盟，由阿蒙霍特普三世（阿赫那顿的父亲）带到埃及，后与阿赫那顿成婚。

由此，奈费尔提蒂在她丈夫的王国里，成为占主导地位的宗教引进者和启迪者。奈费尔提蒂的名字就具有一种神学的意义，它暗指"一位女神的到来"。这种描述非常完美地适合于王后，因为各种文物显示出她的形象被神化到至少与阿赫那顿的形象一样的程度。举例说，在高官们的石棺的四个棱角上通常各有一个女神雕像，然而在那个时期的石棺上却只有一个人物雕像，那就是奈费尔提蒂。难道这只是对王后美貌所表达的敬意吗？鉴于埃及艺术具有高度的象征意义，让人很难相信这一点。相反，王后的形象本来就概括了古埃及人在祭祀活动中所宣扬的所有神性。

同时，在古埃及历史上，奈费尔提蒂还拥有一种不寻常的权

力，这一点在所有的文物上都显示了出来——她被描绘为享有特权的男性法老形象，在一些浮雕中，她手握弓箭出现在王室的马车上，在其他的场景中，她还击中一个或更多的敌人，手抓着这些人的头发。因此通过这些形象大概可以得出这样的结论：这位女性可能真的像法老一样统治过古埃及。

妮菲塔丽也是一位传说中的法老，她曾是法老拉美西斯二世的妻子，与埃及任何一位法老的妻子相比，妮菲塔丽收获过不朽的爱情，丈夫总是陪伴在她的身边，其频繁程度在其他夫妇中难以看到。而使她真正出名的是两项完全为她而建造的工程，并成为建筑史上的两项杰作，一个是阿布·辛拜勒神庙，一个是王后谷中一座极为壮观的坟墓。

阿布·辛拜勒神庙矗立在法老为自己建造的一座更大的庙宇附近，那里一共有两座巨大的王后雕像，每一座王后雕像的两侧各有一个巨大的法老雕像。给人留下深刻印象的是，与表现妮菲塔丽的其他艺术品不同，这里妮菲塔丽与其夫君的雕像一样高大。庙宇中显示了她加冕的隆重场面，坟墓内部被挖深了28米，墙壁上到处装饰着她流芳百世的壁画，描述着她作为一位法老，遵循着去来世的路线，以便出现在主要的神灵面前。被挖深的部分，行程的终点是来到奥里西斯（Osiris）的面前，这位冥府之神在自己的王国里迎接了妮菲塔丽，并使她改变了模样，成为拉神的化身。并非只是爱情才促使拉美西斯二世给予了妮菲塔丽那么多的荣誉。实际上，这位美貌的王后还是"阿蒙神之妻"，这种"亲戚关系"也可成为神权合法化的唯一继承人。或许，那种对妮菲塔丽所拥有的权力的称谓——"所有土地上的女王"，使她是唯一有可能拥有"法老"称号的女人。

触摸金字塔的千年之谜

金字塔是古埃及法老的陵寝，分布在尼罗河两岸，古上埃及和下埃及，今苏丹和埃及境内。

相传，古埃及第三王朝之前，无论王公大臣还是老百姓死后，都被葬入一种用泥砖建成的长方形的坟墓，古代埃及人叫它"马斯塔巴"。后来，有个聪明的年轻人叫伊姆荷太普，在给埃及法老左塞王设计坟墓时，发明了一种新的建筑方法。他用山上采下的呈方形的石块来代替泥砖，并不断修改修建陵墓的设计方案，最终建成一个六级的梯形金字塔，这就是我们现在所看到的金字塔的雏形。

在古代埃及文中，金字塔是梯形分层的，因此又称作层级金字塔。这是一种高大的角锥体建筑物，底座四方形，每个侧面呈稳重的三角形，样子就像汉字的"金"字，所以我们叫它"金字塔"。

在最早的时候，埃及的法老是准备将马斯塔巴作为死后的永久性住所的。后来，埃及人产生了国王死后要成为神，他的灵魂要升天的观念，在后来发现的《金字塔铭文》中有这样的话："为他（法老）建造起上天的天梯，以便他可由此上到天上。"金字塔就是这样的天梯。

同时，角锥体金字塔形式又表示对太阳神的崇拜，因为古代埃及太阳神"拉"的标志是太阳光芒。金字塔象征的就是刺破青天的太阳光芒。因为，当你站在通往基泽的路上，在金字塔棱线的角度上向西方看去，可以看到金字塔像撒向大地的太阳光芒。《金字塔铭文》中说："天空把自己的光芒伸向你，以便你可以去到天上，犹如拉的眼睛一样。"后来古代埃及人对方尖碑的崇拜也有这样意义，因为方尖碑也表示太阳的光芒。

大型的金字塔一般建于古王国时期的三至六王朝（约公元前2664年—公元前2180年），在古埃及之都孟斐斯之北不远的吉萨、塞加拉、拉苏尔，梅杜姆以及阿布西尔等地都有大量的遗址。在众多金字塔中，最为著名的是吉萨大金字塔，它位于开罗西南约13公里的吉萨地区。这组金字塔共有3座，分别为古埃及第四王朝的胡夫（第二代法老）、卡夫勒（第四代法老）和孟考勒（第六代法老）所建。

胡夫金字塔，又称齐阿普斯金字塔，兴建于公元前2760年，是历史上最大的一座金字塔，也是世界上的人造奇迹之一，被列为世界七大奇观的首位。该塔原高146.5米，由于几千年的风雨侵蚀，现高138米。原四周底边各长230米，现长220米。锥形建筑的四个斜面正对东、南、西、北四方，倾角为51度52分。塔的四周原铺设着一条长约1公里的石灰石道路，目前在塔的东、西两侧尚有遗迹可

寻。整个金字塔建在一块巨大的凸形岩石上，占地约5.29万平方米，体积约260万立方米，是由约230万块石块砌成。外层石块约11.5万块，平均每块重2.5吨，最大的一块重约16吨，全部石块总重量为684.8万吨。其地理位置为东经31°07′，北纬29°58′。

令人吃惊的是，这些石块之间没有任何黏着物，而是一块石头直接叠在另一块石头上，完全靠石头自身的重量堆砌在一起的，表面接缝处严密精确，连一个薄刀片都插不进去。而塔的东南角与西北角的高度误差也仅1.27厘米。这是当时征召了10万劳力，前后历时30年才建成的。

胡夫金字塔的入口位于塔的北壁第十三石级，距地面约20米高。入口处四块巨大的石板构成人字形拱门，往里是100余米长的坡状隧道直达墓室。墓室长10.43米，宽5.21米，高5.82米，与地面的垂直距离为42.28米。室内仅有一具深褐色磨光的大理石石棺，棺内空空，棺盖去向不明。墓室上方有5层房间，最高的一层顶盖是三角形的，为的是把上面压下的重量均匀地分布在两边。同时，墓室还有砌筑在石块中的通风道。胡夫大金字塔外形庄严、雄伟、朴素、稳重，与周围无垠的高地、沙漠浑然一体，十分和谐。它的内部构造复杂多变，匠心独具，自成风格，凝聚着非凡的智慧。该金字塔历经数千年沧桑，地震摇撼，不倒塌，不变形，显示了古代不可思议的高度科技水平与精湛的建筑艺术。联合国教科文组织因此把它列为全世界重点保护文物之一，成为古埃及文明的象征。

吉萨的第二座金字塔，即卡夫勒所造的金字塔，位置居中。它比胡夫金字塔略小，但其艺术风格与工程设计的精确，则均可与之媲美。而且由于其建在一块较高的台地上，乍看上去，仿佛比前者还雄伟。塔基底长215.7米，高143.6米，也是用石灰岩和花岗石砌筑的。它所遗存的附属建筑较为完整壮观，包括以巨石建成的两座庙宇：上庙和下庙。

孟考勒建造的第三座金字塔位于南端，体积最小，但十分精致。它的底边长108.7米，高66.5米。吉萨的这3座金字塔都曾被盗，墓中财宝已基本流失，但它们所体现出来古代埃及人在建筑上的工程技术，已达到了炉火纯青的地步。

古往今来，人们对埃及金字塔的建造，提出了各种各样的疑问，如果说关于金字塔大胆而奇妙的设计还能为现代人所接受，那么它的规模如此巨大的建造过程就难以令人想象了。

胡夫的金字塔是用上百万块巨石垒起来的，每块石头平均有2000多公斤重，最大的有100多吨重。如果说，这些巨石是从尼罗河东岸开采出来的，即无吊车装卸，也无轮车运送，以古埃及人当时的劳动力，它们是如何把巨大的石块开采出来，并且运到这里来？又如何把它们垒砌起来？又何以抗拒时间的侵蚀直至今日？而且金字塔的底部四边几乎对着正南、正北、正东、正西，误差小于一度。古埃及人是怎么计算得这样精确的呢？

多少年来，金字塔一直是人们探索而又无法确证的一个谜，现

代人用尽了自己的想象和推断，提出了多种论断，虽然人们众说纷纭，但都无从获得准确翔实的考证。

被称为"西方史学之父"的希罗多德曾提出，金字塔还是古埃及人所建，他们建造胡夫金字塔的石头是从"阿拉伯山"（可能是西奈半岛）开采来的。但我们现在知道，石头多半是本地开采的，修饰其表面的石灰石，是从河东的图拉开采运来。虽然那时开采石头并不容易，因为当时人们并没有炸药，也无钢钎。但聪明的埃及人，懂得用铜或青铜的凿子在岩石上打眼，然后插进木楔，灌上水，当木楔子被水泡胀时，岩石便被胀裂。这样的方法在今天看来也许很笨拙，可在4000多年前的古代，却是很了不起的技术。

从采石场运往金字塔工地也极为困难。古代埃及人是将石头装在雪橇上，用人和牲畜拉。为此需要宽阔而平坦的道路。修建运输石料的路和金字塔的地下墓室就用了10年的时间。

在建造胡夫金字塔时，胡夫强迫所有的埃及人为他做工，他们被分成10万人的大群来工作，每一大群人要劳动3个月。这些劳动者中有奴隶，但也有许多普通的农民和手工业者。古埃及奴隶是借助畜力和滚木，把巨石运到建筑地点的，他们又将场地四周天然的沙土堆成斜坡，把巨石沿着斜坡拉上金字塔。就这样，堆一层坡，砌一层石，逐渐加高金字塔。建造胡夫金字塔花了整整30年的时间。

对于希罗多德的说法，后人提出了许多的疑问。但是到今天仍然是一个没有人能做出完满答案的难题。21世纪以来，随着飞碟观察和研究活动越来越广泛，有人甚至把神秘的金字塔同变幻莫测的飞碟上的外星人联系起来。他们认为，在几千年前，人类是不可能有建造金字塔这样的能力，只有外星人才能有。他们经过计算还发现，通过开罗近郊胡夫金字塔的经线把地球分成东、西两个半球，它们的陆地面积是相等的。这种"巧合"大概是外星人选择金字塔建造地点的用意。

然而，一位叫戴维杜维斯的法国化学家，提出了一个关于金字塔建造的全新见解，他认为，建造金字塔的巨石不是天然的，而是人工浇筑的。他从一位考古学家那里，得到5块从埃及胡夫金字塔上取下的小石块，对它们逐个加以化验。出乎意料的是，化验结果证明，这些石块由贝壳石灰石组成。尽管考古证明，人类在几千年前就已掌握混凝土制作技术，但这些贝壳石灰石浇筑得如此坚如磐石，以至很难将它们与花岗岩区别开来，实在使人难以相信。

戴维杜维斯由此推测，当时古埃及人建造金字塔是采用"化整为零"的办法，即将搅拌好的混凝土装进筐子，抬上或背上正在建造中的金字塔。这样，只要掌握一定的技术，就能浇筑出一块一块的巨石，将塔一层一层加高，这种做法既"省力"又省工，据他估计，当时在工地上劳动的人仅有1500人，而不是像希罗多德所说的那样每批都有10万人。更出乎意料的是，这位法国科学家还在石块中发现了一缕一英寸长的人头发。这缕头发可能就是他们辛勤劳动

和灿烂智慧的见证。

英国一名科学家还提出了另一个新的论断，认为金字塔可能是古埃及法老为了死后把自己发射到其他星球而修建的发射台。他说他是在研究了金字塔的指向、形状以及命名等情况的基础上得出这一结论的。维尔金森说，古埃及人认为天际附近的拱极星是最能象征来世的东西，因为用肉眼看起来，它们永不停歇地围绕北极星转动。它们永不消逝，不可摧毁，是法老死后其灵魂最好的归宿。而研究结果表明，自金字塔出现以来，所有的金字塔都精确地指向北极星。维尔金森说，古埃及修建的第一座金字塔的圣坛朝北，通向其地下墓室的斜坡也建在北面。如果站在墓室里向上看这条进门斜坡，就会看到北面的天空。他推测，古埃及人认为从这里可以将法老的灵魂发射上北极星，让他们在那里继续自己的来生。大量资料也表明，很多金字塔的名字也与星星有关，其中有一个金字塔被命名为"闪烁"，还有一个则直接就叫"星星金字塔"。而在金字塔出现很久以前的埃及王朝，有一个埃及国王曾自己修建了一个庞大的墓冢，起名叫"国王像星星一样冉冉升起"。因而维尔金森还推断，金字塔的形状也是古埃及人按照心目中星星的形状建造的。

1978年3月5日，日本的一群建筑学家和考古学家用模拟的方法建了一座高11米的金字塔，模拟试验证明，金字塔是古代人用古代技术建造的。人们之所以会有金字塔是外星人在地球上的遗留物的感觉，是因为忽视了古代文明的创造力。

　　尽管上述说法都还是一些推测，但无论如何，金字塔建造起来了，并且静静屹立了4000多年，这本身就是一大奇迹。可以说，金字塔是古代埃及人民智慧的结晶，是古代埃及文明的象征。

刻在墓道里的庄严咒语

也许像所有的皇陵一样，在建造的初期，就想到了防备被后人的打扰，金字塔的主人也不例外，跟中国秦始皇的墓陵不同的是，金字塔没有设置机关来对付盗墓者，而是以一段不寒而栗的文字警示着后人。在埃及金字塔幽深的墓道里，刻着一句庄严的咒语："谁打扰了法老的安宁，死神的翅膀就将降临在他头上。"

人们曾经以为，把这种咒语刻在墓道上，不过是想吓唬那些盗墓者，使法老的遗体和墓中财宝免遭劫难罢了，可是所有的资料表明，那些进入墓葬的人，无论是探险家、盗墓者还是科学家，绝大多数不久便染上不治之症，或因意外事故莫名其妙地死亡。一个多世纪来连续发生的情况，人们不得不怀疑，法老的咒语显灵了……进入法老墓葬的人，不得不在咒语面前感到畏惧。

对于这些传闻，美国《医学月刊》也确切刊登过报告，证实100名曾经进入过大金字塔的人之中，未来10年内死于癌症的概率高达40%，但是，这并没有阻挡人们探寻金字塔深处的奥秘的脚步。最近一次也是最受关注的一次行动，是2002年全球142个国家同时直播的考古发掘过程，他们甚至动用微型机器人的帮助，再次来到墓葬探墓。然而，具有讽刺意义的是，人们并没有发现期待中的宝藏，墓室，或是木乃伊，石门的背后又是一道石门。

人们对墓葬的探险，最典型的要算挖掘法老图坦卡蒙的墓地，图坦卡蒙是埃及第十八王朝的法老，公元前14世纪在位。这位法老九岁即位，但不到二十岁就死去。英国著名探险家卡纳冯爵士和英籍埃及人、考古学家卡特率领的一支考察队，为寻找图坦卡蒙法老的陵墓，在埃及帝王谷的深山中整整奔波了七年。直到1922年11月，他们才终于找到了图坦卡蒙陵墓的封印。

等到他们凿开墓室时，已到了次年2月18日，烛光映出镶满珠宝的黄金御座、精美的法老棺椁和数不清的装满珍宝的匣子，考察队员们欣喜若狂。这时他们突然接到开罗拍发的电报，说卡纳冯爵士突发重病死去。

卡纳冯爵士时年57岁，身体一直很好。但那天他的左颊突然被蚊子叮了一口，这小小的伤口竟使他受感染患了急性肺炎，以至要了他的命。而据后来检验法老木乃伊的医生报告说，木乃伊左颊下也有个伤疤，与卡纳冯被蚊子叮咬处疤痕的位置完全相同。

考察队的考古学家莫瑟，是负责推倒墓内一堵墙壁，从而找到了图坦卡蒙木乃伊的人。不久他就患了一种神经错乱的怪病，痛苦地死去。

参加考察队的卡纳冯爵士的兄弟赫伯特，不久死于腹膜炎。协助

卡特编制墓中文物目录的理查德·贝特尔，于1929年自杀。次年二月，他的父亲威斯伯里勋爵也在伦敦跳楼身亡，据说他的卧室里摆放了一只从图坦卡蒙墓中取出的花瓶。

埃及开罗博物馆馆长米盖尔·梅赫莱尔负责指挥工人从图坦卡蒙墓中运出文物，他根本不信"咒语"，曾对周围的人说："我这一生与埃及古墓和木乃伊打过多次交道，我不是还好好的吗？"这话说出还不到四个星期，梅赫莱尔就突然去世，时年52岁。据医生诊断，他死于突发性心脏病。

到1930年底，在参与挖掘图坦卡蒙陵墓的人员中，已有12个人离奇地暴死。法老咒语显灵之说，从此不胫而走。

发现图坦卡蒙陵墓的卡特，自以为侥幸躲过了劫难，过着隐居的日子，不料也在1939年3月无疾而终。

直到1966年，法国邀请埃及将图坦卡蒙陵墓中的珍宝运往巴黎参加展览，此举已得到埃及政府同意。主管文物的穆罕默德·亚伯拉罕夜里忽做一梦：如果他批准这批文物运出埃及，他将有不测的灾难。于是他再三向上级劝阻，但力争无效，只好违心地签署同意。他离开会场后就被汽车撞倒，两天后去世。

类似的事还可以举出很多，人们不禁要问：这些人究竟是怎么死去的，法老的诅咒又是怎么回事呢？难道真的是法老的咒语灵验了吗？

科学家们对此做了大量的研究实验，并得出各种分析的结论。有人认为，这可能是一种病毒的侵染，是古埃及人使用病毒来对付盗墓者。

1963年，开罗大学医学教授伊泽廷塔谊发表文章说，根据他为许多考古学家做的体验，这些人均带有一种能引起呼吸道发炎的病毒。他认为进入法老墓穴的人正是感染了这种病毒，引起肺炎而死的。

1983年，法国女医生菲利浦提出了又一见解。她认为致命的不是病毒而是霉菌，由于法老陪葬物中有众多食品，日久腐败，在墓穴形成众多的霉菌微尘。进入墓穴者不可避免地要吸入这种微尘，从而肺部感染，痛苦地死去。

另一些科学家则认为，法老的咒语来自陵墓的结构。其墓道与墓穴的设计，能产生并聚集某种特殊的磁场或能量波，从而置人于死命，但要设计出这样的结构，必然要有比现代人更高的科学技术水平。而三千多年前的古埃及人又是怎样掌握这种能力的呢？

尽管科学家们分析出众多的缘由，但似乎每一种观点都很难自圆其说，若说是病毒，什么病毒能在封闭的空间中生存四千年？若说是霉菌，陵墓掘开后空气流通，霉菌微尘不久就会逸散，不可能持续多年。孰是孰非，至今还没有一个公认正确的答案。

三千多年前的法老诅咒，人们至今还没能最后破解，这些未解之谜，仍然不断地困扰着好奇的现代人，但相信只要金字塔仍然屹立，人们应该还会继续追寻下去。

金字塔中的数字之谜

金字塔矗立在尼罗河畔的沙漠中，太阳从巨大的狮身人面像右肩升起，又从左肩落下。大漠、长河、高山（金字塔）、落日构成了一幅多么壮丽的图画！这个被称为人类历史上最伟大的石头建筑，与天文学、数学都有一种现代人难以理解的联系，至今还有许多未被揭开的谜。

金字塔的建造可确定一种度量衡体系。大金字塔的长度单位是根据地球的旋转大轴线的一半长度而确定，即大金字塔的底是地球旋转大轴线一半长度的百分之十；大金字塔的重量单位是以上述的长度单位与地球的密度组合而成；大金字塔的热量单位是整个地球表面的平均温度。

另外，大金字塔内那间陈列法老的灵柩的墓室，尺寸为 $2:5:8$ 和 $3:4:5$，而大金字塔内那间陈列法老的灵柩的墓室，尺寸为 $2:5:8$ 和 $3:4:5$，这个数字正是坐标三角形的公式。公式发明人是古希腊哲学家毕达哥拉斯。而华达哥拉斯诞生时，金字塔早已建好 2000 年。还有，大金字塔的遗址颇有意味，因为子午线正好从大金字塔中心穿过，也说它坐落在子午线的中间，这似乎可以窥见大金字塔的建造者，为什么要选在沙漠中这块独特的岩石地带作为塔址。这片岩石地带有一道 V 字形的天然裂缝，正好利用它来建造巨大的陵墓。而且，金字塔坐落的地方，对构造、陆地和海洋分布不很了解的人，是不可能选择这里作为塔址的，难道金字塔的建造者有这个能力吗？

关于金字塔里的数据，泰勒（Taylor）首先发现了其他在数学上有趣的特征。比如，根据他得到的资料，大金字塔底座边长为 9140 英寸，其周长（9140×4）就是 36 560 英寸，除以 100 得到 365.6，很接近一年的天数。把这个周长除以塔高的两倍，得到的数字很接近圆周率。

在做了诸如此类的计算之后，最后得出结论：大金字塔是以英寸为单位建造的！并进一步推论，25 英寸等于 1 "金字塔腕尺"，而 1 千万埃及腕尺大约等于地球两极的直径。总之，这个结论想要证明的是，大金字塔是一座地球模型，为人类记载了地球的各种数据；更重要的是，英制是上帝通过大金字塔赋予的神圣单位，胜过了"无神论的法国人"炮制出来的米制。

与泰勒同时的是苏格兰天文学家查尔斯·皮亚齐·史密斯（Charles Piazzi Smith），他同样深信英制胜过米制，受泰勒的启发，他不辞辛苦亲自跑到埃及对大金字塔做了一番测量，"发现"了一大堆新的神奇数字。其中最著名的、至今仍有人津津乐道的是大金字塔高度乘以 10 亿，就刚好等于地球到太阳的距离。

作为一名天文学家，史密斯不会不知道，地球公转轨道并不是圆

形的，而是椭圆形的，因此地球到太阳的距离并不是常数，但是他对这类常识视而不见。史密斯在大金字塔里里外外到处寻找、发现神奇的数字。他声称，原先镶嵌在大金字塔外面的框石（这些石头早已被拆除）的高度都刚好是一腕尺25英寸，证明埃及人的确以英寸为单位。以后他做了更"精确"的测量，发现框石的高度是25.025英寸，认为等于1.001英寸的"金字塔寸"才是神寸，英寸在长期使用中变短了一点。还有，塔内国王墓室的石头数目、墓室内石柜的体积和形状、金字塔的角度等等，都让史密斯觉得暗藏着奥秘。到了这种程度，任何有理智的人也都不难明白其中的奥妙了：金字塔有许多数据可用，自然界也有许多数据可用，再随意地加上各种各样的倍数，你一定能发现它们之间的对应关系。

可不管怎么说，金字塔中这些奇妙的数据，确实让现代人产生了无限的遐想与推测。人是唯一能够把自己当作一个对象来认识的动物。自己认识自己，探索自身的历史和秘密，这是人之所以成为物之灵的首要条件，而古埃及的文明之光，定会永远吸引人在历史的隧道中探索、研究和发现。

埃及的木乃伊与来世观

公元7世纪，阿拉伯人入侵埃及，发现一种用奇怪方法保存下来的遗体，遗体周身涂有黑黑的油脂物，很像沥青。经过这样特殊处理后的遗体都被完好保存，他们把这种经过处理过的遗体叫作"mummiya"，即阿拉伯语"沥青"的意思。再后来，这个词在英语中渐渐发展成"mummy"，汉语音译为"木乃伊"，用来特指这些经过特殊处理后完好保存下来的尸体。

现代人最早发现木乃伊的时间是1881年，考古学家进入了德尔巴哈里附近一座很深的墓室，惊奇地发现了40具木乃伊，这其中包括著名法老如赛提一世与拉美西斯二世的尸体，1898年在阿蒙霍特二世的墓穴中又发现隐藏了的16具木乃伊，其中有10具是王室木乃伊。那么，古代埃及人为什么要制作木乃伊呢？

据资料表明，古埃及人是相信来生的。从旧石器时代开始，埃及人就恐惧死亡，相信来世存在或多或少能摆脱这种恐惧，因此，当时的人们在埋葬死者时就进行了精心准备。

进入法老时代，由于社会的贫富差距日益扩大，等级制度逐渐森

严，人们对美好来世的向往更加迫切，进而形成了对死者尸体的崇拜。他们认为，如果以可辨认的形式保存死者的尸体，人身上的精灵，也就是我们常说的"灵魂"，就会重新回到死者的躯体。如果躯体完整而且不腐烂，灵魂与躯体就会活到另一世界里。如果尸体腐烂，灵魂也就不复存在，人也将真正地死去。如果损坏了尸体的某一部分，就会使死者在来世也丧失身体的同一部位，所以为了使死者能继续在来世更好地生活，就必须把尸体完好保存。

古埃及独特的自然环境也助长了古埃及人对来世的希望。尼罗河每年有规律的泛滥与消退，植物与之相应或茂盛或枯萎，太阳每日的升起和落下，这些自然现象的周而复始，给古埃及人这样一种感念：世界是循环往复的，自然万物可以生死轮回，人也应当如此。为了准备来世的复活，也必须好好保存尸体。正是这种来世永生的信仰，使古埃及人在木乃伊制作与埋葬方式上一直十分的精心，甚至可以说到了绞尽脑汁的地步。

宗教信仰也是人们热衷于制作木乃伊的一个原因。在最出色的木乃伊中，有的并不是经过精心处理而保留的，而是意外保留下来。这种自然形成的木乃伊通常可在气候极为干燥的沙漠或严寒地带发现，因为那里的气候能阻止尸体腐烂。

众所周知，腐烂是由细菌引起的，细菌是在水中繁殖的，而人体的70%又是由水分组成的，也就是说人体为细菌的繁殖提供了场所，所以尸体很容易腐烂。炎热的沙漠地带能使尸体迅速脱水，从而保留下来。至于严寒地带则由于气温低，抑制了细菌生长繁殖。当然由于气温低，尸体水分的蒸发速度也会降低，不过由于细菌生长繁殖受到抑制，为尸体脱水赢得了时间，尸体的保存也就没什么问题了。

目前可考的最早的木乃伊大约形成于公元前3200年。这一时期尚未有文字记载。但据推测，当时由于耕地十分贫乏，死去的人都被埋葬在尼罗河谷两岸沙漠边缘一个简单的墓穴中。这一简单的墓穴也只不过是沙漠中椭圆形的浅坑。人们把尸体卷曲着，头向南，脸朝北，朝向太阳降落的地方放入坑中，然后再用沙土覆盖。因为埃及人将尸体埋入沙中大约只有1米左右，过了一些时候沙层逐渐漂移，必然会使一些尸体暴露出来。这些尸体被滚烫的沙炙得干透，难以发生正常的腐烂，几千年以前的尸体、皮肤、头发以及相貌得以保存如初。这种木乃伊叫"沙地木乃伊"。

作为关于来世咒语最完备的汇编，埃及亡灵书为我们提供了了解古埃及人来世观念的详细依据。埃及亡灵书虽然被称为书，但实际上只是些奇特文字的组合，一般有200多个章节，埃及人称它们为"企求来生的手册和万人升天的指南"。埃及人相信，通过这些符号可以帮助死者顺利到达来生世界。当时亡灵书的内容包括祈祷文、颂歌和咒语等，但是开始时并非人人都有获得亡灵书的权力。在大约4000多年前的埃及古王国时，只有法老和王室成员才能使用这些祈福的文字，他们把这些奇特的咒语刻在金字塔的内壁上，被后人称为金字塔铭文。到了中王国时期，王室的这种特权也开始为贵族官员们所享有。而那

时这些奇特的咒语则往往被衬刻在棺材上，称为石棺铭文。随后大约在公元前1400年左右，由于纸草纸的普及，人们就把这些咒语写在纸草纸上而广泛用于民间，并称它为亡灵书。

古埃及人相信，每一个人的灵魂都会有几种存在的方式，其中最主要的是"卡"和"巴"的形式。"卡"古埃及语意为"力量，财富，养料，繁盛，效力，永恒，创造性，神秘力量"。"巴"，古埃及语意为"在阴阳世界里自由飞翔的灵魂"，其形状通常被绘制成长着人头和人手的鸟。它身上带有一些咒语能使自己重返木乃伊。"巴"的雕像一般附着在一个木乃伊匣的底部。"巴"抬着它的手，似乎象征着木乃伊灵魂的升起。两只伸展的手臂则是文字的符号。为了使一个人永生，就必须使"卡"和"巴"在坟墓里的木乃伊上重聚。而一旦二者得以重聚，死者也就可以永生。为此，要为亡者举行一系列名目繁多的复杂仪式，使他的各个器官重新发挥作用，使木乃伊能够复活，继续在来世生活。

制作木乃伊是古埃及特有的传统，也是古埃及文明留给后世的一份特殊的遗产。制作木乃伊的技术，在长期的实践过程中逐渐积累和提高起来。木乃伊制作，主要采用埃及某些地区特别是奈特龙洼地出产的氧化钠使尸体完全干燥。制作师先通过鼻腔吸出脑髓，注入药物洗清脑部。然后在腹部开一个口子，取出肺、胃、肠等器官，体内留下心和肾。再用椰子酒和捣碎的香料冲刷体腔，填入树脂，浸过树脂的亚麻布和锯屑等物，照原样缝好。

尸体需全部埋入氧化钠中干燥。70天后，制作工师取出尸体进行清洗，涂上油膏和香料，用大量的亚麻布包裹严密，外面涂上树脂。包扎时，从手指和脚趾开始，乃至四肢、全身、其间，要特别小心防止指甲脱落。腹部的切口处盖上盖子，它象征荷拉斯"完好的眼睛"。这样包裹好的木乃伊，保持着脱水前形状。

从尸体取出内脏，经干燥处理后，也用亚麻布包裹，装入特殊的大口瓶子，储藏在墓中。在木乃伊的上面和绷带内，一般都放护身符和蜣螂雕像（或叫圣旱虫像）起保护作用。故在胸前都放一个蜣螂像，上刻有祈祷语，乞求心灵在阴间审判的天平上不要作不利死者的证明。

古埃及人制作木乃伊的习俗，给了他们了解人体构造的机会。这对古埃及的医学，特别是生理学和解剖学的发展，具有重要的影响。

埃及文字的发展与演变

公元前4000年中期，埃及人发明了文字，到公元前34年左右，古埃及文字已日臻完善，形成了具有完整文字体系的象形文字。

象形文字的名称来源于希腊文，是由神圣和雕刻两个词构成，故含有神圣的雕刻之意。这是希腊人对刻在神庙墙壁和公共纪念碑上的文字之统称。

象形文字是从图画文字演变而来的，具有表意和表音的特点。埃及象形文字是由表意符号、表音符号和限定符号三部分组成的，共约700多个符号，后来不断增加，到公元前500年左右达到2000个以上。这些基本符号可以组成全部词语。表意符号是用图形表示词语的意义，特点就是图形和词义有密切关系。例如：表示"水"就画了条波纹形线"≈"，画一个五角星"★"就表示"星"的概念。

表音符号是把词语的发音表示出来，取得了音值。例如：猫头鹰的图形用作音符时，读[m]音，已失掉"猫头鹰"的含意。表示门闩的图形符号，代表[s]音，而另一个表示小山坡的符号，则用来表示[k]音。

限定符号是在表音符号外加上一个新的纯属表意的图形符号，置于词尾，以表明这个词是属于哪个事物范畴的。限定符号本身不发音。例如：在象形文字中，"犁杖"和"朱鹭"这两词的音符完全相同，都由两个辅音组成，读音为hb区别词义的方法是：在hb后分别加上表示"犁杖"和"朱鹭"的限定符号。

把表意符号、表音符号和限定符号适当组合起来，便可构成完整的句子。是形象文字成为音形义俱全的成熟的文字体系。

象形文字的书写方向自右而左，少数自左而右，也可以自上而下，或根据建筑设计的需要，从中间起笔，分别向两个方向书写。象形文字符号始终面向一行之首（文字的起点），所以很容易辨认，阅读时也循此方向。

象形文字刻在石碑、石柱、墓碑、金属器和木器上，或书写在神庙墙壁和纸草纸上，但保留在石头上的象形文字原文最多。象形文字十分复杂，只有祭司和贵族世家子弟才有条件学习。因此，古代埃及形成了一个知书识字，专门受过训练的"书吏"阶层。

象形文字在长期使用的过程中形体也是几经变化。约在第五王朝时，从象形文字中演变出一种简化的草体字——祭司体文字。这一名称是由古希腊文"祭司的"演变来的，因为希腊人、罗马人统治埃及时期，这种文字仅限于祭司使用，现则把这个名称通用于象形文字较早的草体形式。祭司体文字一般是用芦苇笔蘸墨水写在纸草纸上，最初与象形文字约略相似。

从第十八王朝起，祭司体文字已成为有固定风格的象形文字的草

体形式，它的内部结构保持不变，但外形已与象形文字相差甚大，字形富于曲线，几乎失去了图画性质。这种文字主要用于书写商业文件、私人信件和文学作品等。从第二十五王朝时起，才开始用于书写宗教文献。祭司体文字最初自上而下竖写，后改为从右向左横写，且有连写形式，两个或更多的符号连在一起，一笔写成，比起象形文字来，更具有实用意义。但作为正式的官方文件和铭文，仍用象形文字书写。最晚的祭司体文字一直使用到公元3世纪。

公元前700年前后，从祭司体文字中又演变出一种更为简化的草体，称为"世俗体文字"。这个术语来源于古希腊文"民间"一词，该词最早也译为"本土文字"，因古希腊文此词也意为"土著"。世俗体文字主要用于日常生活的书写记录、书信和账目之类的世俗事务。由于这种字体比较简单，符号更易于连写，所以很快就进入平民的日常生活。世俗体文字一般写在纸草纸上或较平软的材料上；书写方向从右向左，其符号具有更加简化、更加草写的形式，比祭司体文字更富于曲线，完全失去了图画性质。

公元前3世纪，世俗体又发展成科普特文字，所谓科普特文字，是古代埃及人的后裔科普特人所使用的文字，由24个希腊字母加上7个世俗体文字符号组成，这七个世俗体符号均渊源于形象文字。科普特文字为民间所通用的文字，它是古埃及文字发展过程中唯一写出元音的文字。公元7世纪，阿拉伯人征服埃及，科普特文字被阿拉伯字母所取代，后来仅限于在科普特教堂里使用。古埃及文字从此绝迹，完全被世人所遗忘。

公元前13世纪，腓尼基人在埃及象形文字和西亚楔形文字的基础上创造了腓尼基字母并于公元前11世纪传到希腊，希腊人接受后在腓尼基字母的基础上，又加上了元音，形成了更为完善的希腊字母。

希腊字母后又辗转传到罗马和东欧各地，于公元7世纪形成拉丁字母，公元9世纪形成斯拉夫字母。而现代欧洲各国大多数的字母文字，如英文、德文、法文、意大利文、西班牙文、俄文、保加利亚文等字母又是在拉丁字母和斯拉夫字母的基础上产生的。

由此可见，埃及象形文字是欧洲各种字母文字的共同渊源，它的发明是古埃及人对世界文化的一大贡献。

古埃及人制造的草纸

在文明的传播过程中，世界各地的民族采用了多种多样的媒质作为书写材料，在中国造纸术传播之前，古印度曾用贝叶书写，而古埃及人用木头、石头、陶片，除此之外，古埃及人还用一种很神奇的书写材料——草纸。

草纸是用一种水生的植物莎草制成的。它类似于芦苇，从前盛产在尼罗河三角洲一带，生长在缓流水中。其茎为木质，呈钝三角形，无枝叶，有的粗如手腕，高达三四米，茎心有白色淀粉的髓，茎端为细长的针叶，呈伞状四散。

莎草可以用来编织草席、草鞋、垫子、篮子、绳索，也可以用于造船和盖房（把纸莎草的茎捆一起做房柱），它的根茎还可以食用，但莎草最主要还是可用于造草纸。

古埃及人造草纸需要经过好几道工序：先将齐水面的纸草茎割下，根据所需纸张的规格将茎结成数段，剥去粗糙的茎皮，将茎顺着纤维方向，从纵面剖成薄片并切割成狭窄的长条，竖立交叉放置，然后用木槌用力地捶打，使树汁渗出，经干燥处理后，这些长条就永久地粘在一起，之后，再用圆石块或贝壳将纸面磨平，把纸边修齐，一张光滑而薄的草纸便制成了。

草纸有两层，书写较长的手稿时，用力敲打边缘，芯内的酵素就会在压力下起到黏合作用，可以将多张纸沿黏合，制成长卷，然后卷在一根圆棒上，就可以方便保存了。古代埃及人常用削尖的芦苇或鹅毛做笔，用烟渣调水或菜汁当"墨汁"在草纸上书写，写好后卷在木杆上，用细绳扎好，形成卷帙。草纸也是古埃及人阅读的"书本"，阅读时，左手持卷，右手边看边展开。

草纸的制作受到寺院的严格控制，在托勒密王朝时期（公元前332年—公元前30年），曾经一度由王室所垄断。这是因为帕加马帝国的国王迈尼斯二世热衷于收集和抄写图书，使得帕加马图书馆的藏书量逐渐与埃及亚历山大图书馆的藏书量相匹敌，托勒密五世下令严禁向帕加马帝国输出草纸，企图以此来遏制帕加马图书馆的发展。

草纸从什么时间开始使用已经无从知道了，目前发现的最早的一卷草纸是在第一王朝时期的一个墓穴中，只不过卷上没有文字。现存最早的草纸书是法国人普利斯在古埃及首都底比斯附近发现的"普利斯文献"，这份书卷的时间约为公元前2500年，用对话体裁写成，内容是告诫人们如何处世。

传世最长的草纸书是以英国人哈里斯命名的"哈里斯大草纸"，1885年发现于底比斯近郊的一个墓室中。它包括六大部分，长达40.5米。图中显示的是大英博物馆所藏的《死者之书》片段，《死者之书》

是指丧葬用的草纸。它是写在长卷草纸上的各种咒文、祈祷文和颂歌等的杂集。埃及人把这些配有彩色图像的作品与死者同葬，希望能够帮助他们度过阴间诸劫，前往极乐世界"芦苇之野"。埃及人称这些符文为"白昼来临之书'（即跨越死亡之国度），大约有二百章之多，但没有一帧丧葬纸莎草纸能包含全部文本。

用纸草卷轴作为记录文字的材料，比泥板要先进得多。因为它不仅便于书写，也便于编纂和保存。泥版总是一块一篇或几块一篇，而纸草文献则往往是性质相近的多篇文献辑集在一起。如《伊浦味箴言》便是多篇抄录在一卷上。该纸草文献在萨卡拉墓地出土时，首尾都已毁坏，中间亦多阙文。即便如此，残卷中仍保留有较完整的《记国中灾难》部分的第一篇和第二篇，其编辑体例已远比泥板文献复杂得多。

草纸曾是古代埃及的主要出口商品，在地中海东部地区大量使用，这种通用的书写材料，希腊、罗马以及阿拉伯地区的人都曾用过它，公元前2世纪左右，当羊皮纸发展起来以后，逐渐取代了草纸。羊皮纸能两面书写，且能让鹅毛笔的书写呈现饱满的色彩，拿来折成书本也没有问题。公元8—9世纪，随着中国造纸术的西传和纸张的大量生产，并行销欧洲，延续4000多年之久的草纸最终被纸张所代替。不过草纸并未立刻销声匿迹，直到11世纪，教皇还用显示尊贵的草纸来书写诏书。

古埃及人的婚恋习俗

沿着沙漠里的遗址追寻，你不仅会发现古埃及有着灿烂的文化、神秘的墓葬和辉煌的建筑，你还可以从中发现，古埃及人的生活里，有着独特而朴素的婚恋习俗。

古埃及人对婚姻和家庭的态度是严肃的，它与我们现代人所看到的普通人的婚姻与家庭，并没有太大的不同。古埃及人视婚姻为神圣的契约关系，这一点在许多雕像上表露无遗，并以文字来描绘男女之间这种彼此依靠的关系。

很多人认为埃及男人会娶许多妻子，这一点其实是对古埃及人的误解。在古埃及，普通人的婚姻多是一夫一妻制，只是一些法老为了保证皇室能有继承人才会娶妾，或是因为政治目的娶上多个妻子。但他们对正妻是高度重视的，通常正妻都很得宠，一些法老甚至公开表现出对正妻的深深依恋。在平民百姓中，婚姻只有在妻子不能产子时，才允许他有一个以上的配偶，过继或收养孩子的事例在古埃及人的历史也有记载。

乱伦曾被认为在古埃及是很普遍的事，其实这是对埃及语言里语

意的误解。表亲或近亲间结亲只是王室才有，因为王室很看重血统的纯正。而在普通市民之中并不普遍。研究历史的学者一开始破译象形文字时，也曾被遇到的不少涉及男女彼此称呼的词语所迷惑，文中他们喜欢称呼他们的配偶为"兄弟"或者"姐妹"。其实"兄弟"与"姐妹"的称呼只是反映出两人之间的亲密感，并没有世代相传的亲缘关系在里面。

古埃及人的婚俗也没有像人们想象得那样刻板，浪漫的爱情和对幸福婚姻的憧憬，是埃及妇女生活的重要内容。他们在订婚前，男女可以自由交往，小伙子可以在清真寺或节日庆典上结识甚至追求自己心仪的姑娘。家里来客人时，待字闺中的姑娘还有机会招待客人，所以男女交往的机会挺多。如果小伙子相中了一位姑娘，父母就会携带礼物与媒人一起到女方家拜访求婚。如果女方家长同意，双方就会商定聘礼的数量和订婚的日期。

古埃及人认为婚姻是私事，是一男一女一起建立的一个普通的家庭，它不需要任何政府部门的认可，但要得到世俗社会或宗教的肯定。要是结婚的双方坚持，任哪一方反对也没用。何时结婚取决于他们的父母双方，基本上是父亲说了算，不过父母们做这种决定通常都是很慎重的。

古埃及人订婚是一个热闹而隆重的仪式。小伙子通常在亲友的陪伴下来到女方家中，对打扮艳丽的未婚妻，把一颗象征永不变心的戒指戴在姑娘手上，并且把珠宝和礼物送给未来的岳父母。然后，年轻的小伙子们和姑娘们载歌载舞，尽情欢唱，以表达对新人的庆贺和祝福。

古埃及人的结婚日是一个最重要的日子。婚礼的前一天晚上，是古埃及人传统的"哈纳之夜"。新郎、新娘家中要分别举行庆祝活动，男性亲友去新郎家，女的则来到新娘家，在女方家中，新娘子穿着美丽的嫁衣，被装扮得花枝招展。年轻的姑娘们竞相展示她们美妙的歌喉和优美的舞姿，热闹的庆祝活动会持续一整夜。在新郎家里，男人们也是载歌载舞，彻夜欢歌。结婚后的夫妇互敬互爱，在一些彩绘中，夫妻紧紧拥抱在一起，并且还有许多妻子塑像边注有"他的至爱"这样的字句。结婚之后的夫妻通常希望彼此永恒爱恋，并且期待死后也能像生前那样生活在一起。所以他们煞费苦心铸造恩爱锁链以延到来世，许多人雇工描画墓室艺术。在墓绘墓雕中，他们一如往昔，富有活力，以确保他们来世生活的幸福。如果一方不幸丧偶，另一方在等待与亡故的配偶重聚的日子里，会通过书信想象着与亡者联系。这类信中大多只是些问话，请对方帮助解决日常生活问题。另一些是祈求对方帮助消病祛穷，但也有不少信是诉说丧偶后人所共觉的痛苦与悲伤。

古埃及人对繁殖能力十分珍视，大多数妇女都渴望生儿育女。新婚的年轻妇女往往一两年内就会生育。如果妇女久婚不孕，当时的一些医疗措施可帮助这些妇女怀孕。其中一种方法是用含有乳香、油、枣和啤酒混制的药液熏蒸。如果一个妇女怀疑自己有身孕，还可做一

个尿检，即将尿液放到种子上看种子是否发芽，尽管古埃及人不懂荷尔蒙，但我们现今知道，孕妇尿液里若含这些物质便可促使谷物发芽。

埃及妇女很可能生产前照常劳作。一旦预产期到，女方亲友，或许助产士前来为产妇助产，用咒语和药方催生。那些不想怀孕的妇女，早期避孕法用植物纤维外涂鳄鱼粪和酸奶，蜂蜜和泡碱的悬浮体加盐的棉状隔离层。这些措施偶尔成功，因为奶中的乳酸和泡碱这类碱性物质可减缓精液的活动。

与古往今来的大多数国家不同，古埃及女性在家庭中拥有极高的地位，特别是在平民阶级中，这种地位甚至会超过男子。埃及女性无须遵守什么婚前操守，但婚后通奸的处罚则要严厉的多。在古代埃及，离婚是被允许的，男女双方都有提出离婚的权利，离婚理由通常可以是通奸、不孕、相互反感。古王国以后的离婚契约中明文规定：丈夫必须在离婚后付给妻子一笔财产，以补偿妻子失去的贞操；并且，丈夫如果因通奸而使妻子决定离婚的话，他必须将自己三分之一的财产以及相应的罚金交给前妻；离婚的双方都可再婚。

古埃及人的化妆艺术

　　古埃及人在很早就懂得化妆，其化妆艺术与埃及文化艺术的发展一样源远流长。早在四五千年前的古埃及王朝，化妆艺术就已十分发达，它不仅用来装点人们的日常生活，还被赋予宗教信仰上的神圣含义——作为古埃及人向往的来世再生的象征。正因如此，大量化妆品被死者带入坟墓并保存至今，才使我们有幸目睹这个辉煌灿烂的古文明的化妆艺术珍品。

　　从存留至今的古埃及化妆用品来看，主要为装载香油和香膏的容器、装载眼线膏的容器以及镜子。根据这些化妆用品，结合古埃及象形文字的记载，当时人们的化妆主要为涂抹香油、香膏及眼线膏并用镜子来察看化妆效果，其中又以涂抹香油或香膏为主。当时尚未发明蒸馏法来提取纯酒精，因而不存在现代意义上以酒精溶液为基础的香水，但人们将花的香味混合在动植物的油脂中制成的香油和香膏，可谓香水的前身。

　　古埃及人不仅将香油或香膏涂在脸上，还涂遍全身，以此来表现明显的性吸引的意味。此外，人们还将香膏制成香料堆戴在头上，油

膏逐渐融化并流到假发和上衣上，在现存的古埃及假发和上衣图画中可见这种橙黄色油脂痕迹。眼线膏的原料为方铅矿或孔雀石，磨成糊状后与油脂混合而成。人们将其涂在眼圈及睫毛处，使眼睛显得又大又明亮，既可减低烈日的强光，又能增强性吸引力。古埃及人起初直接用指头涂画眼线，发展至稍后阶段，末端呈球状的化妆墨涂棒应运而生。

古埃及的化妆器皿多用玻璃、象牙等奢侈材料制成。玻璃在当时是稀有物品，主要制作化妆品容器。当时制造玻璃器皿的方法，是将模制内范浸入玻璃溶液中，再用不同颜色的玻璃软条绕遍器身和瓶颈，然后用工具梳或剔画，造出独特的火焰或人字花纹，最后将内范通过瓶颈取出。由于内范很少能全部取出，因此大部分化妆品容器呈不透明状，尽管玻璃本身几乎完全透明。玻璃化妆器皿的造型有多彩壶、两耳细颈罐、花瓶和高脚杯等。此外，象牙制品、雪花膏石做的罐和瓶、动物形状的小陶器和石器、花卉形的木盒以及陶制瓶子也用来装载化妆品。古埃及的镜子由铜制镜身和象牙制镜柄组成，镜面需经常磨光。在当时镜子属于奢侈器物，只有贵族或有钱人才拥有。

古埃及的化妆用品不仅用于日常生活，还用来表现来世再生的宗教含义，这在它们的造型上得以体现。一件第十八王朝（约公元前1350年）的木质化妆盒，整体取莲花蓓蕾造型，两侧配以蓝色莲花，顶部为一棵曼陀罗。莲花每天的花开花落象征着新生命的开始，曼陀罗则表现了情欲。性欲和生殖既是今世生活的需要，又是来世再生的必需。观赏这些古埃及化妆用品，我们可以充分领略到，贯穿于古埃及文明的那种今生与来世无尽期延续的来世再生观。

埃及艳后克丽奥佩特拉

　　提到埃及，就不能不提到著名的埃及艳后克丽奥佩特拉——这位把传奇英雄恺撒"玩弄于股掌之上"的托勒密王朝的末代女皇，就是这个谜一样的人物，成就了亚历山大港的辉煌，使埃及达到了前所未有的全盛时期。

　　克丽奥佩特拉在古埃及无疑是一位焦点人物。这位埃及绝世佳人凭借其美丽，不但暂时保全了一个王朝，而且使强大的罗马帝国的帝王纷纷拜倒在其石榴裙下，心甘情愿地为其效劳卖命。虽说野史、传说和文学作品总能见到这位埃及艳后神秘的影子，但有关她本人的文物资料却是少之又少。

　　有关埃及艳后克丽奥佩特拉的任何遗迹和新说法，总是能引起世人关注的。这也难怪，这位古埃及托勒密王朝的末代女皇，她那传奇般的绝世美貌，她与恺撒、安东尼等英雄人物的情缘，曾经激发过历代诗人、作家、画家和艺术家们的丰富想象力，如但丁的《地狱》、莎士比亚的《恺撒大帝》等，都曾将其描述为一个"旷世的肉感妖妇"；而萧伯纳也称她为"一个任性而不专情的女性"。不过，却也有史书记载说，她的美"并不出众，也不惊人"。也有考古学家打趣道："如果她的鼻子不那么高的话，恐怕世界史便会因此改写了。"

在好莱坞巨片《埃及艳后》中，克丽奥佩特拉更是被描绘成凭着色相诱使恺撒拜倒在她的石榴裙下，助其击溃亲生胞弟而出掌王位；恺撒遇刺后，她又吸引安东尼为其效力，可是天不从人愿，安东尼的作为激起了罗马市民的愤怒，在与罗马人交战中彻底败北之后，眼见克丽奥佩特拉的大势已去，不得已以毒蛇噬胸自杀，时年仅38岁。

在克丽奥佩特拉统治时代，古埃及仍保持着极度繁荣的社会状态。当美国考古学家戈迪奥和他的埃及同事潜入亚历山大港外海海底的时候，他们看到了一条又一条的街区、一座又一座的雕像，那就是克丽奥佩特拉和她的最后一个情人迈克·安东尼共筑的爱巢——亚历山大城。使这座极富有传奇色彩的皇家古城获得重生的是海洋探险家弗兰克·戈迪奥和他的考古探险队，他们的惊人发现证明了古埃及历史上那段仍然繁荣的历史，当然也证明了埃及艳后不仅是位美丽的女王，而且还是有着出众才干的女王。

在一本名为《震惊世界的女人》的书中这样描述克丽奥佩特拉："她有像青春少女那样的苗条体态；有一双乌黑发亮的大眼睛，高高隆起的鼻子比普通妇女更显得高贵，一头乌黑的长发衬托出细腻白皙的肌肤，使裸露的肢体如脂似玉；微微翘起的嘴唇，似笑非笑，蕴藏着一种高深莫测的神秘。可以说她既具有东方美女的妩媚，又具有西方美人的丰韵，可谓天姿国色。"

在传闻中，人们塑造了一个美艳绝伦的艳后形象，她的神秘与手段是世人关注的焦点。而在现在，英博物馆却爆出了天大的秘密：埃及艳后其实并不美丽，又胖又丑才是她真实的形象！

不管这是不是真的，埃及艳后都给生活在今天的现代人，带来了无数的遐想。

魅力独特的古希腊文明

在世界文明史上，古希腊文明以其特异的风采与卓越的成就享誉后世，它的文化创造达到了人类文明的第一个高峰，它光灿夺目的业绩，为人类文明树立了一座历史的丰碑。

古希腊文明是一种世俗化的、大众的文明，它充满了理性和自然，充满了高贵与典雅，它既不高高在上，也不故作神秘，它所散发出的，是所有古代文明中与我们最为贴近的气息。

古希腊人不仅享受着人生的各种乐趣，也积极地投身到公共事务中，他们运动、竞技、饮宴、观剧、参加公民大会、听演讲辩论、如此等等，他们对精神生活的关注和追求，使其人生更增添了一道理想的光环。

古希腊是世界上第一个公民能参与国事的国家，这样的民主政治以自由和平等为条件，言论自由使批评和涌现新思想成为可能。把实在的事物抽象化，提出种种似乎不可能实现的幻想，这是古希腊文明的特点。

古希腊的思想已经摆脱了以神话解释未知事物的习惯，力求用已

知的事物和逻辑推理解释未知的事物，从而成为后来西方实验科学的创始者。他们注重"对抗"，认为那不仅是一种挑战，也是一种激励，在体育场和战场上都是如此。他们在公民会议上的对话，如同辩论在哲学家和科学家那里一样普遍，就是剧作者，也每年要举行一次竞赛。

戏剧是希腊的发明创造，有两种表现方式，即悲剧和喜剧。它们不仅被视为是一种娱乐，还具有劝导崇敬神祇的宗教功能以及提出问题、引导公众参与城邦事物的政治功能。

希腊在文学上给我们留下了更多的遗产，欧洲各种语言里的史诗、戏剧、悲剧、抒情诗这些词语都是希腊字，希腊中的建筑，如剧院、神庙和体育场都是有独特的模式，奥林匹克运动会是希腊人留给后世的主要遗产，现代奥林匹克运动的宗旨，以及竞技项目如短跑、马拉松、铁饼、标枪等，直接源于古代的奥林匹亚运动会。近代西方的科技发展，也是以古代希腊的科学成就为基础的，我们今天所使用的某些概念、定理仍是希腊人创造的，比如，阿基米德的浮力定律、毕达哥拉斯定理等等都是希腊文明的产物。

古希腊人为我们带来了自由的理念，他们第一次把自由作为人类生存的理想和基本权利，明确地表达了出来。由于崇尚自由，他们选择了城邦这种国家的组织形式，各城邦自由选择自己喜欢的政治体制来代表大多数人的愿望和要求，其根本目的都是为了保证城邦公民的权利和自由。这些大大小小的城邦，共同组成了一个具有独立政治生活，自足经济生活和丰富文化生活的共同体。同时，它也不仅仅是一个生活的共同体，还是实现人类自我完善的道德共同体，在一个相当长的时间内，希腊人总是把城邦制视为唯一适宜的国家组织形式。

古希腊的自由思想，并不是指一种天赋的与内在的思维活动，而是将思想作为一种见之于世的理性认识的成果，它出现在古代世界，也以希腊人为最早又最具生命力。德国历史哲学家卡尔·雅斯贝斯曾明确地指出："希腊城邦奠定了西方所有自由的意识、自由的思想和自由的现实的基础。"现代美国史家伊迪丝·汉密尔顿更说在希腊人那里"世界第一次有了思想自由"。

不管怎样，思想自由与自由思想在希腊城邦中得以首先萌发，是由奴隶制经济与奴隶制民主政治的高度发展而造就的，这就是：丰裕的物质条件，欢愉的精神生活和足够的闲暇时间，而这些在古希腊城邦制度及推行民主政治的城邦里都一一找到了它的归宿；加之在城邦的实际生活中，也没有形成一个有势力的僧侣集团和一种钳制人们思想自由的统一的宗教意识形态，较之当时古代世界的其他地方，这有其独特的与内在的历史条件。

古希腊人是一个在继承基础上有着卓越创造的民族，天生的好奇心、刨根究底的追问与开放的民族性格，促使他们百般寻求知识。而不管这种知识来自何方，都烙上了希腊人所独有的智慧特征。这些特征归结起来，就是虚心、好奇多思、渴求学习、富有常识。

古希腊文明的种种创造，确是建立在吸收古老的东方文明优秀遗产之上的，踏在"巨人"的肩膀上前行，这正是希腊人的智慧。用柏

拉图的话来说，就是 "我们把一切从外国借来的东西变得更美丽"。

古希腊文化的源头基于东方文化，而它自身的发展又成了西方文化的源头。古希腊的文明历史告诉我们一个道理，即创造者才是真正的继承者，从希腊人的创造性来看，此语信然。

古希腊发展时的几个世纪，创造了光辉的希腊文化，其巨大的文化遗产，为其在世界上树立起瞩目的文明高度，同时，其文明的丰富性与独特性，对后世产生了极为深远的影响。

希腊人与希腊语的出现

在迈锡尼时代，希腊人还没有真正获得他们现在的称呼，他们被称作阿卡亚人。荷马在他的史诗中也称希腊人为阿戈斯人、达那亚人，但在大多数情况下都称他们为阿卡亚人。这个名称现在还出现在其他地区的历史文献中。土耳其中北部博加兹克渭发现的赫梯文献中，定年在公元前1365至公元前1200年之间的文书中，有几处都提到一个称作"阿基雅瓦"的王国，这里的阿基雅瓦，就是阿卡亚，也就是我们现在所说的希腊人。而在古埃及的文献中，也同样提到过在公元前13世纪对埃及骚扰的阿卡亚人。

"希腊人"一词最早出现在《伊利亚特》中，在"黑暗时代"，它逐渐取代其他名称，最终成为希腊人的通称。虽然希腊不是一个统一的国家，但其文化的一致性十分明显。所有希腊人都说同一种语言。希腊语是属于印欧语系的一种语言，这个语系包括了古代印度的语言、波斯语、亚美尼亚语、斯拉夫语、波罗的海诸语、阿尔巴尼亚语、拉丁语族诸语、日耳曼诸语等多种语言，以及一些曾在地中海地区使用、后来失传的语言，如赫梯语、弗里吉亚语和伊利里亚语。

我们不能确定希腊语产生的具体时间，但到迈锡尼时代，它已得到广泛使用。公元前12世纪，随着迈锡尼文明的衰落，线形文字也消失了，但希腊语并未消亡。到"黑暗时代"末期，希腊人开始用另一种文字来书写他们的语言，这就是他们从腓尼基人那里借用的字母文字，但希腊人并不是照搬腓尼基人的文字，而是经过了彻底的改造，使之能够表达一种完全不同的语言：腓尼基语属于闪含语系，而希腊语则属于印欧语系。

希腊语在公元前300年以前分为三大方言，即多里克方言、伊奥尼亚方言和爱奥尼亚方言。多里克方言区包括伯罗奔尼撒半岛的东部和南部、爱琴海南部诸岛含克里特岛和罗得斯岛以及小亚细亚西南沿海地区；伊奥尼亚方言区包括阿提卡、尤卑亚、西克拉底群岛和小亚细亚中部沿海地区；爱奥尼亚方言区包括小亚细亚北部沿海、帖撒利、贝奥提亚以及伯罗奔尼撒半岛北部。

除这些主要方言以外，在阿卡亚和塞浦路斯岛还存在着一种古老的方言，即阿卡亚—塞浦路斯方言。虽然有这种种方言之分，但其不同主要在于口音与字的拼法，其词汇与语法基本一致，因此各方言之间能够交流与沟通。到公元前300年以后，这些方言为一种希腊语的普通话所取代。

古希腊城邦的形成发展

公元8世纪，古希腊出现城邦国家，这个时候，正是古希腊在爱琴文明消失后重新崛起之时，新近涌现出的国家，皆以一个城市或市镇为中心，与周围农村相结合，形成独立自主的城邦，在公元前750年到公元前700年间，众多的城邦涌现于希腊世界，如满天的星斗般闪烁着文明的光辉。

这时的古希腊，各地的生产力增长均衡，铁器使用普遍，手工艺发展尤为迅速，同时，由于此时与东方的联系，使古希腊的商贸已恢复甚至超过爱琴文明以前的水平，且古希腊本土和东方的交往并不仅仅限于商业，对东方文明遗产的吸收也硕果累累。古希腊这个后起的文明很快利用了东方文明历尽千年才取得的丰盛成果，使古希腊城邦在形成之际，就已站在了较高的历史起点。

如果我们从世界各民族由原始社会进入文明社会的历史进程来看，最早建立国家的几乎都是城邦型的小国，然后再由小国演变为大国以至帝国。而古希腊保持小国纷立的时间与其他文明相比时间较长，这种小国寡民的城邦使公民政治获得了较充分的发展。

古希腊的地形很多变，有很多小的谷地，山坡地多，最多是海岸和海湾，正因为这样的地形原因，才形成大大小小的城邦。最先出现奴隶制城邦的是在荷马时代，先后出现了二百多个城邦。在北希腊、中希腊西部、南希腊北部以及小亚细亚西岸的北部，伊奥利亚人建立了很多城邦，其中重要的城邦有底比斯和达尔斐等。而在中希腊东部的阿提卡半岛、优卑亚岛和爱琴海中部的岛屿，一直到小亚细亚西岸的中部，爱奥尼亚人也建立了很多城邦，著名的有米利都、爱非斯、卡尔息斯和雅典。同时在南希腊的南部和东部、克里特岛以及小亚细亚西岸的南部，多利亚人建立了斯巴达、亚哥斯、科林斯和麦加拉等城邦。希腊城邦小者如厄齐那只有100平方公里，较大者如斯巴达，其领土也只有8400平方公里。雅典是2550平方公里，当其全盛时代，居民共约40万。

在古代希腊，城邦就其政治意义而言首先是指高于家庭、村落、部落之上的特定人群的联合体，即公民集体。这些城邦往往都是以一个城市为中心，包括附近的若干村落，其特点之一是小国寡民。在希腊城邦中，公民主体是由拥有政治参与权的男性构成，每个城邦都是独立自主的主权国家，各邦之间一般是平等的邻邦关系。城邦的自治权利或多或少属于各邦公民。根据各邦公民在公民大会中参政权利的大小，可将城邦政体划分为若干类型，其中贵族制和民主制在古希腊城邦中最为流行。除了贵族制和民主制外，古希腊城邦还存在君主制，寡头制和僭主制。古希腊城邦实行的公民政治，使城邦公民享有较充分的政治权利。尤其是雅典的民主制为后世提供了宝贵的借鉴经验。

希腊各城邦形成的初期阶段，氏族贵族独占政权。他们为了巩固其特权地位，利用和改组氏族部落的机构：从氏族贵族中选出执政官或类似的官员；大力削弱民众会的权力，使它成为单纯地从贵族中选举官员、形式地表决贵族提议的机构；一切权力集中到由议事会转化而来的贵族会议那里。氏族贵族统治时期，社会的各个方面还带有氏族制度的残余。氏族部落组织、氏族血缘关系的影响还延续很久。农村公社或氏族公社土地所有制还不同程度地存在；氏族制度的残余在习俗和宗教上也有保留。氏族贵族常常利用这些氏族制度残余为自己服务，从而阻碍着国家的进一步形成。

贵族政治在一些城邦中并未长久维持下去，有的城邦，如雅典由于平民反抗贵族斗争的胜利，贵族政治为僭主政治所代替，最后达到奴隶主民主政治。有的城邦，如科林斯则由贵族政治经过僭主政治转变为寡头政治。只有斯巴达，政权长期保持着贵族政治的形式。

希腊的城邦，就其形成的方式或途径的不同，大体上可以分为三类：一是氏族部落经过自发的、长期的解体过程，国家从氏族内部发展起来的阶级对立中直接产生出来，雅典是这类城邦的典型；二是具备了国家产生的社会经济条件，通过奴役被征服的居民，从而缓解了征服者内部的矛盾，征服者本身的氏族部落组织在征服者与被征服者的对抗中转变为国家机构，斯巴达就属于这类城邦；三是通过殖民活动形成的城邦，这类城邦一般实行母邦的政治制度，但在政治上不依

附于母邦，而是独立的。这些殖民城邦，在促进希腊经济和文化发展上起了很大作用，它们加强了希腊各邦和海外各地的商业联系，也为希腊接触并吸收了埃及、巴比伦和腓尼基的文化提供了方便，当然，希腊殖民者对土著居民的劫掠、奴役和屠杀，给殖民地原有居民和周边居民都造成过巨大的灾难。

公元前4世纪，古希腊城邦开始衰落，那时公民中贫富分化渐渐加剧，公民权与土地的关系日趋松弛，公民集体内部矛盾日益增加，公民兵制开始瓦解。

公元前338年，马其顿国王亚历山大大帝对古希腊的征服，加上公元前323年—公元前30年希腊化时代的诸多国王对希腊的奴役，使希腊绝大多数城邦的政治独立被剥夺，原有的公民集体瓦解，城邦也最终演变成庞大中央集权管辖下的地方自治单位，到此，古希腊的城邦时代宣布结束。

古希腊的城邦制度，从其形成发展到最后衰退，是民主制度和民主思想的萌发和成长，城邦中环境之间的均衡、思想自由的适度、有节制的生活、人的个性与特长的和谐发展等等，都无一不渗透着希腊人的中道思想，反之，他们所崇奉的中庸精神又反过来制约着希腊城邦文明与城邦公民生活的各个方面。古希腊城邦文明之所以能维持几个世纪并在世界文明史上大放异彩，很正确地道出了希腊人崇尚的中庸之道所包含的巨大的与潜在的历史作用。

酒神庆典与古希腊戏剧

酒神庆典，是希腊戏剧产生的"源生地"，正是在酒神庆典的祭祀中，才产生了戏剧这种独特的文艺形式，直到今天，这种形式仍在现代人的文化生活中有着不可替代的地位。

酒神庆典，是人们在春节播种和秋季丰收时，向酒神狄奥尼索斯进行祈祷的庆祝活动。届时人们载歌载舞后扮演各种角色，逐渐发展为戏剧这种表演形式。戏剧分两种，一种是悲剧，一种是喜剧。"悲剧"一词来自希腊语，意为"山羊歌"，因为在祭祖的庆典中，人们要穿上羊皮，模拟酒神的从者撒提尔；"喜剧"一词，原义为"狂欢队列之歌"，起源于祭扫酒神的狂欢歌舞和民间的滑稽表演，剧中的主角多为普通人，以政治讽刺和社会讽刺为主要内容。原先的酒歌并不复杂，只是合唱队的合唱而已，后来加入了角色表演，这才向前迈了一大步。

古希腊的戏剧不仅作为一种文学形式而存在，更是激励和鼓舞民众的一种手段。公元前5世纪初的一天，雅典剧场上演了一部很有名的叫作《米利都的陷落》的著名悲剧。这个戏的剧本是一个名叫普律尼科斯的诗人根据米利都起义的史实撰写的。那时，被波斯侵占的希腊

城邦米利都奋起反抗，遭到波斯的血腥镇压，男子遭屠杀，妇幼被劫为奴，神庙和城池惨遭焚掠。小亚细亚当年最繁华的商业城市被夷为一片焦土。希腊全岛为之震惊。雅典一个名叫太米斯托克利（泰米斯托克利）的青年更是义愤填膺。当得知有个再现波斯人在米利都的暴行和战败者悲惨遭遇的剧本时，血气方刚的太米斯托克利竭尽全力，到处为之奔走呼号，倡议公演。经过许多努力，该剧终于上演了。演出结束后，全场一万多名观众抑制不住内心的悲痛，失声痛哭。散戏后，观众们在回家的路上，还在数落波斯的暴行。他们心中反侵略的怒火就这样点燃了。

像这样的戏剧演出在雅典经常可以看到。在每年的春季和秋季，都举行盛大的戏剧比赛。政府用各种方式奖励优秀剧本和演出。看戏的公民不花钱买票不说，还可以领到"观剧津贴"，即发给公民观看戏剧的费用，每场为两奥波尔，大致相当于一人一天的生活费。雅典公民把看戏视为一件十分高雅的活动，秩序很好，任何人不得随意喧闹，或挤走别人，否则就要被处以重刑。如果上演严肃的悲剧，妇女、儿童、奴隶甚至囚犯，都可以前往观看。

雅典非常重视用戏剧这样一种广大公民喜闻乐见的文艺形式，进行精神的教育和情操的陶冶。城内建有宏大的梯形露天剧场，能容纳1万多名观众。剧场靠着山坡建造，观众席位设在斜坡的阶梯上。低处用大理石和木材构筑，高处直接依山岩凿成，中间留有人行通道。它的形状像一把撒开的折扇，呈半圆形，所以又叫圆形剧场。观众席前面有一个圆场，这是歌队演唱的乐台。圆场的一端，有一个面对观众的舞台，那就是演员们表演的地方。舞台与观众座位最高排的高度差不多，所以坐在后面的观众，也能清楚地听到演员的声音。它有点像雅典公民大会的会场。

埃斯库罗斯享有"希腊悲剧之父"的盛誉。据说他一生写了90部悲剧，流传到现在的只有7部。《被缚的普罗米修斯》是他的代表作品。在这个剧本里，他根据神话故事，成功地塑造了一个为人类造福而反抗强暴的英雄形象。普罗米修斯把天神宙斯的火盗给人类，受到宙斯的残酷惩罚。宙斯用铁链把他锁在荒凉的高加索悬崖上，每天派一只神鹰去啄食他的肝脏。可是他坚贞不屈，甘愿忍受一切苦难和折磨。后来大力神赫拉克勒斯用箭射死了那只可恶的神鹰，普罗米修斯终于获得解放。当初有人劝他和宙斯和解，他宁为玉碎，不为瓦全，悲愤地说道："我宁肯被缚住在崖石上，也不愿作宙斯的忠顺奴仆。"这句话后来被许多仁人志士当作座右铭。

阿里斯托芬号称"希腊喜剧之父"，一生写过44部喜剧，传世的有11部。他的剧作都用生动活泼的讽刺语言写成，有的谴责战争，有的希望和平，有的抨击贫富不均，有的呼吁男女平等，嬉笑怒骂，皆成文章，深受人们的喜爱。

希腊戏剧的内容和形式，对后世西方戏剧的发展影响很大。它的许多剧目，经过改编，仍在各地演出。现代希腊的戏剧节，也连续举办了半个多世纪，上演的剧目，有些还是古希腊时期的剧作。

希腊神话与宗教艺术

古希腊人对人类文化艺术的发展做出了巨大的贡献。他们文化中的神话、宗教、艺术与其他各国文化相比独具特色。

远古时期，西亚移民、土著居民与希腊人的祖先阿该亚人经过千年融合形成了希腊三大民族。希腊统一之前，各民族拥有各自的神灵体系，经过漫长的融合过程，特别是具有丰富想象力的希腊诗人荷马用神话把这一堆庞大的东、西方民族的神灵，按照氏族的形式编织成神话故事，并确定了希腊人的主要崇拜对象是奥林匹斯天神。

有位名叫赫西奥德的人则写出《神谱》解释了这些神灵系统是怎样产生的。荷马和赫西奥德的贡献为全希腊宗教的正式形成提供了思想依据。希腊神话不仅是寓言、启示、原始理性，还包含了历史、自然、道德、社会、宗教等因素。在神话里奥林匹斯诸神身上人性超过神性，他们和人类一样，有各自的性格、癖好、优点、缺点、理智和情欲。就连众神之王的宙斯，也很少有天国的威严，而更像一个性格狡黠、爱到处拈花惹草的登徒子。

希腊的宗教不是由传教士、预言家或圣人创造的，而是靠诗人、艺术家用神话为主要内容发展起来的结果。神话故事中的神灵观念成为希腊宗教的核心，并为希腊宗教确定了一个系统的神灵观念和信仰体系。希腊宗教主要以奥林匹斯教和狄奥尼索斯、俄耳甫斯教为主要派别，其中又以奥林匹斯教为主。希腊宗教的起源、崇拜对象、宗教仪式具有多样性，其在三大民族融合中就混杂了多种成分，历史学家希罗多德自称可以为每位希腊神找到他的外来名字。神话中的狩猎女神阿耳特弥斯与爱神阿佛洛狄德都源于东方宗教，她们被编入希腊奥林匹斯教"十二主神"，而且仍然保留着原来的特征。神话中的人面兽身的女妖斯芬克斯与埃及的狮身人面像极为相似。希腊地理环境优越，三面临海，发达的航海技术使他们与各国建立了商业往来。开放性的商品经济使古希腊人思想开放，接纳许多外来文化成就，善于取人之长，为己所用；古希腊大小200多个城邦各自建立起信仰的神，宗教、神庙、祭司都不过问城邦政治，只从事宗教活动。神话诸神，不受城邦党派政权的保护，他们也不以某神为斗争。最能体现希腊宗教特色的活动场所是宗教圣地、神庙、祭坛、神托所和竖立在神庙中的神像。希腊人把圣地往往选在能显露神的气息的地方，如风景优美的奇峰异石，郁郁葱葱的林地，还有某种树林作为象征世代延续的特殊标志。

　　其实圣地也是由远古时期的自然场所逐渐发展到文明时期的人造建筑物——神庙。一些重要的人格化神就有了自己独立的神庙，并以自己的名字命名神庙。神托所是为神灵发布谕言与占卦及祭祀活动的场所，祭司直接以神灵附身，道出神谕或占卦，然后做解释。神话与

这些场所有密切联系，公共宗教活动以庆典的形式集中在节日进行，并通过城邦历法进一步固定下来。某些有代表性的节日具有全民性，如泛雅典娜节、奥林匹克比赛等，年复一年的庆典和活动增强了希腊宗教的统一性，调节着古希腊社会生活的节奏。神话、宗教本身带有一些永恒性的问题，通过艺术形式将其传给后代。在神话、宗教观念的影响下，艺术家们展开想象的翅膀，塑造了以表现神灵世界为题材的大量生动的艺术形象，特别是建筑与雕塑艺术达到登峰造极的程度，令世人惊叹不已，难以忘怀。

古希腊的天文学成就

古希腊天文学是近代天文学的直接渊源，依据前后年代对大自然的看法差异，古希腊天文学大致上可分成四个主要的时期，或说前后形成的四个学派。也就是，公元前7世纪起，泰勒斯提出以"思辨"方法来探究和理解宇宙形状、功能和基本组成的爱奥尼亚学派；主张"球形大地"的毕达哥拉斯学派；公元前4世纪，提出"同心球宇宙"构思的柏拉图学派；公元前3世纪，应用天文观测和量测方法的亚历山大学派。后来，天文学家托勒密集古希腊天文学之大成，提出了一个完整的"地心体系"理论。写出了达十三卷的名著《天文学大成》，在欧洲天文史上产生了重大的影响，以地球为宇宙中心的"地心体系"思维在欧洲独霸达约13个世纪之久。

泰勒斯曾预测过日食，计算出一年有365天，发现了小熊星座，并根据天文学和气象学知识预言一年的农业收成。阿那克西曼德提出月亮的光是对太阳光的反射，太阳则是一团纯粹的火。毕达哥拉斯学派认为宇宙是一个包括各种天体的大圆球，中心有一个火球，圆形的太阳和大地绕中心火球运动，这种关于天体整体运行的推测为太阳中心

说奠定了基础。古希腊人还认识到月食的真正原因在于地球对太阳光的遮挡。

在希腊化时期产生四位著名的天文学家，他们的研究成就影响深远。一位是被誉为"希腊化时代的哥白尼"的天文学家阿里斯塔克（Aristarchus，310—230 BC.），他第一个尝试测量地球和太阳之间的距离，并正确提出地球的面积小于太阳，他甚至天才地提出太阳中心说，认识到地球和行星围绕太阳旋转并进行自转。另一位是埃拉托色尼（Eratosthenes，公元前275年—公元前195年），他是历史上第一个用正确的数学方法准确测出地球周长和直径，通过观察太阳高度的变化测量出道倾角的人，其测出的地球周长只比今测赤道周长少385.13公里。同时，埃拉托色尼也是首先使用"地理学"名称的人，从此代替传统的"地方志"，写成了三卷专著。书中描述了地球的形状、大小和海陆分布，并将地球划分五大气候带。埃拉托色尼还用经纬网绘制地图，最早把物理学的原理与数学方法相结合，创立了数理地理学。第三位是毕迪尼亚的希帕库斯（Hipparchus，公元前190—公元前125年），作为"方位天文学之父"他发明了"天文数"概念，发现了岁差现象，编造了西方历史上第一个记载恒星的星表，并测定了上千座恒星且划出了亮度，算出月球直径及其与地球距离的近似值。第四位是在后世最负名望的天文学家——托勒密，他创立的地球中心说主张地球处于宇宙中心，且静止不动，日、月、行星和恒星均环绕地球运行。托勒密这个不反映宇宙实际结构的数学图景，却较为完满的解释了当时观测到的行星运动情况，并取得了航海上的实用价值，并代表希腊天文学和宇宙学思想的顶峰。在以后近两千年内，托勒密学说被奉为天文学的"圣经"。

与其他文明古国相比，古希腊在天文学上成绩巨大，它是理论性最强，体系最为完整，方法最为严谨的科学，对世界近代科技的发展，有着较深远的影响。可以说，如果没有古希腊天文学对人类科技进步的贡献，近代科学技术的面貌难以想象。

奥运会的起源与发展

　　古希腊在人类体育运动的最大贡献是古奥运会的举行，这个延续了1000多年历史的体育运动盛会，人们为它的起源赋予了无数美丽的设想，但有文字记载的历史只能追溯到公元前776年。

　　古希腊是一个神话王国，优美动人的神话故事和曲折离奇的民间传说，为古奥运会的起源蒙上一层神秘的色彩。传说中古奥林匹克运动会是为祭祀宙斯而定期举办的体育竞技活动；另说与宙斯的儿子赫拉克勒斯有关，有着"大力神"之称的赫拉克勒斯，因在伊利斯城邦完成了常人无法完成的任务，不到半天工夫便扫干净了国王堆满牛粪的牛棚，却没有得到国王赠送300头牛的许诺，赫拉克勒斯一气之下就赶走了国王，并在奥林匹克举行了运动会以示庆祝。

　　实际上，奥运会的起源，与古希腊的社会情况有着密切的关系。公元前9—公元前8世纪，希腊氏族社会逐步瓦解，城邦制的奴隶社会逐渐形成，200多个城邦各自为政，无统一君主，战争不断。为了应付战争，各城邦都积极训练士兵，战争需要强壮身体的士兵，而体育是培养能征善战士兵的有力手段。

希腊诸邦国家都建有专供人们进行锻炼的练身场，练身场一度成为古希腊诸城邦的标志之一。那里通常是一大块长方形场地，四周建有回廊，场上有跑道，跑道四周有看台，场内没有屋顶，古代希腊人认为晒太阳是健康的标志，白皮肤则意味着身体不健壮。

在古希腊，人们崇尚体育运动，所以几乎每个希腊自由的公民都到练身场去受过训练，尤其是那些贵族，他们认为只有到练身场去受过训练的人，才算是有教养的人，否则就要将他们归入做手艺和出身低微的人之列。战争促进了希腊体育运动的开展，古奥运会的比赛项目也带有明显的军事烙印。连续不断的战事使人民感到厌恶，普遍渴望能有一个赖以休养生息的和平环境。后来斯巴达王和伊利斯王签订了"神圣休战月"条约。于是，为准备兵源的军事训练和体育竞技，逐渐变为和平与友谊的运动会。

古代奥林匹克运动会基本上是每四年举行一次，这一周期被称为"奥林匹亚德"。按此周期算，则从公元前776年到公元394年间，经历了1168年，共应举办293届；但实际上召开的次数要少得多。不过，古代奥运会有规定，一个奥林匹亚德为一届，不管举行与否次数照算。古奥运会初期，竞赛项目不多，所以前22届时间仅一天。后来随着比赛项目增加，又延长为两天。从第37届增加少年比赛项目后，时间又延长到五天。其中第一天是开幕式，举行献祭和宣誓仪式，第二、三、四天是比赛的具体内容，第五天是闭幕式，进行发奖和敬神活动。

最初的奥运会比赛是在奥林匹亚村的阿尔齐斯神域内进行的，后来在神域的东北角修建了一块长方形运动场，周围有依天然地形修成的看台。运动场跑道宽32米，每次可供20名选手同时比赛，长为192米。起跑线用石条铺成，上面刻有两道平行的小槽，供运动员起跑时使用。

古代奥运会不仅是一种竞技大会，也是古希腊人的一个全国性节日。《神圣休战》宣布之后，成千上万的人便向奥林匹亚涌去，在那里，各城邦的代表参加祭祀活动和游行；政治使节缔结条约；艺术家展出作品；学者和教师研讨学术；雄辩家发表演说；商人展售商品；人们穿着最华贵的衣服，带着最珍奇的珠宝，彼此炫耀自己的富裕。各城邦派出的优秀选手则在竞技场上奋勇拼搏，他们赤身裸体进入赛场，向神和观众展示他们超人的体能、健美的身体和良好的教养。奥运会的盛况大大超出了竞技比赛的范围，它是希腊宗教、政治、经济和文化的重要组成部分，起到了推动政治交流、促进贸易发展、繁荣希腊文化、融合民族感情的作用，它使全希腊人民在和平的气氛中欢聚一堂，其丰富的内容和壮观的场面，形成了全希腊最盛大的节日。

公元前5世纪，古希腊奴隶社会进入了鼎盛期，但随后不久，内部战争分歧，社会矛盾加剧。公元前5世纪末，爆发的伯罗奔尼撒战争使希腊奴隶制开始走向衰败，也是古代奥运会由兴到衰的转折点。战争使经济萧条，社会风气低下，运动竞技失去了原来的意义，逐渐成为人们追求财富的手段，运动会上出现了营私舞弊、损人利己的不良倾向，奥运会的崇高理想受到扭曲。

公元前2世纪，罗马征服了希腊，闻名于世的古代奥运会走向全面衰落。公元4世纪末，统治了希腊的罗马皇帝狄奥多西一世宣布立基督教为国教，因此把祭祀宙斯神的古代奥运会当作是异教活动，为了维护罗马对希腊的统治，为了巩固基督教的地位，公元394年，狄奥多西一世下令终止了古代奥运会，历时1169年的古代奥运会从此消失了。

1892年11月25日，顾拜旦在"法国体育联合会"成立3周年的纪念大会上，发表了题为《复兴奥林匹克》的演说，他第一次正式提出了创办现代奥运会的倡议。1894年4月16日巴黎国际体育会议胜利召开，6月23日，大会通过决议，成立国际奥林匹克委员会。会议规定法语为国际奥委会的法定语言，沿袭古奥运会传统，每四年举行一次运动会。

第一届奥运会原拟1895年在巴黎举行，后来考虑希腊为古奥运会发源地，在希腊举行比在巴黎意义更重大些，大会决定把第一届会期改在1896年，鉴于古奥运会遗址奥林匹亚已成一片废墟，会址改设在希腊首都雅典。此后，按着古希腊的传统，每四年一届，轮流在各成员国举行。

如今，奥林匹克运动会成了人们弘扬人文精神的一种特有形式，它将体育运动的多种功能发挥得淋漓尽致，影响远远超出了单纯的体

育范畴，奥林匹克运动以其不断进取、永不满足的奋斗精神，催人奋进，永远进取，不仅构成了现代社会所特有的体育文化景观，在当代世界的政治、经济、哲学、文化、艺术和新闻媒介等方面都产生了一系列不容忽视的影响。

古罗马建城的传说

在意大利著名的卡彼托林博物馆中，有一尊青铜母狼雕像，狼身下有一对正在吮吸乳汁的男婴，母狼形象高大，身材颀长精瘦，四肢健壮，脚爪紧叩着地面，而两耳竖起，嘴唇略张，牙齿微露，双目圆睁，直视前方，带着一股沉着、冷静与警觉。肚腹下的一对男婴仰着头贪婪地吮吸乳汁，对周遭的一切恍若无知无觉。

这座弥足珍贵的母狼铜像据说是公元前6世纪的作品，两个男婴是16世纪文艺复兴时期的艺术家添加上的，二者珠联璧合，不但是上乘艺术佳品，也向人们讲述罗马城起源母狼哺婴的故事。

罗马城起源跟一段神话传说是分不开的，当罗马破天荒第一次出现于历史舞台时，它还是台伯河乱草丛中野兽出没之地的一支小部落，但罗马人迅速对外扩张，将罗马城扩大成一个横跨欧、亚、非三大洲的大帝国。罗马城谜一样的诞生，没有任何考古资料能证实这些传说的真实与否，但它们的流传，却给罗马城的建立，蒙上了一层神秘的面纱。

据说，罗马城是由两个孪生兄弟——罗慕洛和勒莫建立的。他们

是希腊神话中特洛伊英雄之一伊尼亚的后代。在特洛伊城被希腊人攻陷的时候，伊尼亚带领一些人逃了出来。经过长途跋涉和海上漂泊，来到意大利半岛。伊尼亚的儿子后来在拉丁地区修筑了新的城池——亚尔巴龙伽城，自己当了国王。王位后来传了15代，一直传到依米多尔。依米多尔有个弟弟叫阿穆留斯，他通过政变篡夺了王位。阿穆留斯为了防止哥哥的后代报仇，下令杀死了自己的侄子，并强迫侄女去做女祭司。女祭司是不能结婚的，阿穆留斯以为这样一来就能使哥哥断了香火。然而人算不如天算。不久，被迫当祭司的侄女竟生下一对双生子。阿穆留斯又恨又怕，他立即下令处死侄女，并派一个奴隶把孪生兄弟扔到河里去。奴隶提着装着两个婴儿的篮子来到台伯河边，看不断上涨的河水不敢靠近。他想，如果把篮子放在河边，不一会就会被水卷走的。就这样奴隶把篮子放在河岸上就回去了。万万没想到，篮子被河水漂起后，没冲多远就被岸边的一根树枝挂住了。河水退下后，篮子里传来了嗷嗷待哺的婴儿的哭声。恰巧一只母狼正好来河边喝水，它闻声走过来嗅了嗅篮子里的孩子，不但没有把他们当作一顿丰盛的晚餐，反而用自己的乳汁来喂他们。

　　一般认为，大约到公元前3世纪中叶，关于罗马起源的传说已经定型并被大家公认。直到16世纪，西欧的人文主义者才起来否定伊尼亚和罗慕洛的故事。于是，有不少学者开始对上古传说的真实性表示怀疑。17、18世纪，疑古之风已经走向极端，一切古代传说统统被斥为"胡编乱造""纯粹神话"。

　　但是也一直有人持保留意见。一些史学家根据民间歌谣、语言学、铭文材料，认为这个传说是比较可信的。事实上，关于罗马建城的故事，肯定有许多情节是后人胡乱附会上去的。但也不能否认，传说多少会"折射"历史的真实。因为，一切古老民族的历史几乎都是从夹杂着神话的传说开始的。

　　但是，德国考古学家施利曼于19世纪70年代发掘出了一向被怀疑其真实性的特洛伊遗址，既然特洛伊并非荷马编写的神话故事而是历史真实，那么伊尼亚在特洛伊城破时逃到意大利是不是也有可能呢？

　　也有一些史学家认为，罗马城的建立与拉丁人和萨宾人有关。拉丁人约于公元前2000年进入意大利的拉丁姆平原。在他们居住区附近还有其他印欧语族人萨宾人、埃魁人和伏耳西人等等。他们建立了好几条南来北往的商道，其中较重要的一条穿过罗马诸山而过。在巴拉丁山脚下渡口处，他们还派人常驻，并设卡收费。这里逐渐形成了一个交易市场。随着贸易的不断扩大，人们在这里设卡收费，在山坡上筑堡防卫，逐渐发展为罗马城的雏形。孰是孰非，尚无定论，看来有待考古证明。

　　但是罗马人至今对那匹母狼怀有感激之情，他们将母狼视为"母亲之狼"，并精制了一个饲养着一只母狼的永久性兽笼，置放于市政厅前面的显眼处，还将母狼的形象镌刻在罗马的城徽上。

罗马法对后世的影响

  古罗马人创造了丰富灿烂的文化，其中对世界贡献最大的要算是罗马法了。罗马法是古代世界各国中内容最完整、体系最完善、对后世影响最深远的法律。

  罗马法是古罗马奴隶制国家法律的总称。后世所称的罗马法，主要是指公元6世纪东罗马皇帝查士丁尼在位时编制《国法大全》，它对后世欧洲各国私法的发展有重大影响，19世纪初拿破仑制订《法国民法典》，即主要依据于此。

  罗马法涉及了社会生活的各个方面。构成一个庞大而严密的法律体系，从婚丧嫁娶到宣战和平，无所不包。

  首先是《自然人法》，这是关于生活在罗马境内不同等级，不同身份的个人的权利的规定。罗马法内的第一种人是罗马公民。凡是由于出生、收养、释放或经政府承认而属于罗马种族的人都属于罗马公民。公民内部虽然也有等级划分，但他们都享有选举权，订约权等最基本的权利，而且他们的身体、财产、权利都受到法律保护。罗马法最值得称颂的是它保护个人对抗国家，这在东方专制国家是难以想象的。

罗马法中的第二种人是父亲。传统的家长父权已经大为减弱,父亲对家人的生杀大权已经转交法院,卖子为奴的现象也被明令禁止,古老的权利在逐渐退出历史舞台。

与父权衰弱形成对照的是妇女实际地位的升高。她们虽然被认为不能有独立法律行为,永远受男性监护,但在实际生活中却并不依赖于男性,这是因为妇女有权自由支配自己的财产。

奴隶则生活在社会的最底层,罗马法甚至不承认他们是人,把他们称为"不具人格之人",有人甚至认为奴隶应属于法律的"物"篇。在共和法律下,不管有无理由,主人对奴隶可任意殴打、监禁、投入兽圈以至处死。后来,由于奴隶来源范围减少,奴隶的境遇得到了改善。著名的暴君尼禄还指派法官听取被虐待的奴隶诉冤,法院的大门向奴隶打开,这无疑是罗马法一项富有革命性的进步。更令人难以置信的是法学家乌尔比安提出了"按照自然法则,人类生而平等"的理论。要知道《独立宣言》中提出类似的主张是在1500年之后。

接下来是《财产法》,它占了罗马法的最大部分,内容包括所有权、义务、交易、契约和负债等问题。罗马法关于所有权的规定自然极力维护贵族奴隶主,例如借用国有土地两年之后无人提出异议就可以永久占有。《财产法》对于商业交易十分注意。例如它规定出售奴隶或牲畜,一定要把奴隶或牲畜的生理缺陷向买方说明,不能以不知情为由推脱责任。它力图通过法律条文的强制性来克服市场交易中难以避免的欺骗,维护社会秩序的稳定。这些条文不禁让我们这些饱受假

冒伪劣之苦的文明人徒生羡慕。

罗马法中最为复杂最为专门的部分是《程序法》。在共和时代，原告、被告和文职官员都要遵守法律程序，稍有偏差整个诉讼就属无效。传说某人控诉别人割了他的葡萄秧，在诉讼中原告反复强调葡萄秧所受的损失，结果败诉。因为《罗马法典》里只通称树，并未特别提到葡萄，因而原告应称葡萄秧为树。由于诉讼程序复杂烦冗，为人打官司成为热门的行业。律师的收费很高，而有些卑鄙之徒为了赚钱而寻找法律漏洞使罪犯脱罪，以致当时有人讽刺道："他们真是打声呵欠都要钱，只要顾客肯出钱，连杀母者都能脱罪。"律师之间竞争也很激烈，为了提高声望，有人手上带着刚借来的戒指，随身带着侍应的仆人，手里提着大批案卷，故意在街上来去匆匆，还雇了捧场人为他的发言鼓掌。律师在司法诉讼中扮演了极为重要的角色。罗马司法程序的另一个特殊之处在于陪审团的设立。陪审团通常有51人或75人。由副执政官从元老院或骑士陪审名单中抽选组成。律师和陪审制度都对后世产生了极大的影响。

罗马帝国为了保障对领地的统治而制定通行于各国的《万国法》，它实质上仍是地方法，而不是国与国之间彼此认可的国际法，《万国法》因此而富有弹性，使罗马法容易流传到中古和近代。

罗马法影响了中古时代的寺院法，启迪了文艺复兴时期的思想家，成为德、法等国的基本法，我们今天的众多司法制度也无不同它有深刻的渊源关系，而罗马法对人的自然状态的推崇，对融合自然理性与道德的追求，以及可贵的平等思想都被后世发扬光大，成为现代文明的基本要素。罗马法在制度上和精神上都不愧为古代留给我们的最为宝贵的遗产。

罗马的羊皮纸和蜡版书

　　在中国的蔡伦发明造纸术之前，各国人书写的用具和方式真是五花八门。中国人最先是将象形文字刻在甲骨上，然后是刻铸于铜器上，后来用笔写在丝绢上，称为"帛书"；古埃及人把字写在采自尼罗河畔的一种芦草上，后人称之"纸草书"；古印度人则把椰树叶压平、剪裁整齐用以记事，并称为"树叶书"；西亚两河流域的先人则是将文字在泥版上刻好后，再放到火上烧制而成"泥版书"，而古希腊和古罗马人则是将小牛皮或羊皮加工制作成"皮纸"，当作书写材料。

　　皮纸是由专门的工匠制作，工匠首先把胎牛皮、小牛皮或羊皮加工鞣制，使其软化，然后用器具刮上面的附属物，使组织表面平整光滑，而且柔韧稀薄，人们习惯把它叫"羊皮纸"。

　　当时还没有出现正式的笔，所以人们就用羽毛或芦管当笔，蘸了墨水之后把字写在羊皮纸上，然后装订成册。由于没有纸张印刷业，古代的人看的书是手抄本的，谁要是想得到一本书，就只有去抄写了，当时的富贵之家都有抄书的奴隶。也是这种方式，历史上许多珍贵的书籍才得以广泛流传。

为了便于保存和携带，聪明的古罗马人还常把厚叠的书册中用木板进行上下固定，称其为"书板"，这样还可以防止乱页、掉页。据说，当时著名政治家、大学者西塞罗，每次去竞技场观看古罗马角斗士表演时，都随身带着"书版"，在表演的空隙时间翻阅。

羊皮纸的使用，让罗马人发明了奇特的"蜡版书"。蜡版书是记录古希腊古罗马文明的重要史料。蜡版制作方法是：先用黄杨木或其他细质木材做成小板，在木板中同部位挖出长方形凹槽，盛以黄色或黑色热熔的蜡，内侧上下两角（相当于当代书的订口位置）钻有小孔，然后用绳穿过小孔将许多木板串联起来，这样一册书便形成了。最上与最下的木板上不涂蜡，专用以保护里面的蜡版不受磨损——大概这便是书籍封面的最初形式了吧。

蜡版的书写工具是用金属做成的针，也有用象牙或骨头做的。这种针一端是尖的，用以在蜡版上划字；另一端则是圆的，用以修改写错的字。因为可以修改，所以蜡版可以反复使用，古罗马人多用它来记事，它还有练字、记事、写诗或记账等等多种功能。但由于是划上去的，在流动中蜡版上书写的字迹比较容易因为受到摩擦而变得模糊不清，而且由于使用的材料和工具比较粗糙坚硬，不便于进行精细和工整的书写，多为草书，所以许多古代蜡版字迹不易辨认。但纸质书出现之前，蜡版书颇为广泛的流传和使用，无论学者、诗人，还是僧侣、商人都用它。20世纪初，在挖掘庞贝城过程中曾发现一些蜡版书，其中有的是用金属和象牙作为底板和封面，做工精致，画面美丽。从

这家主人的身份——银行主来推测，这种蜡版图画在当时是比较珍贵的。

据说，古罗马人发明的蜡版书在欧洲一直沿用到19世纪初。目前，在罗马以及那不勒斯城的国家考古博物馆中，都珍藏有古罗马时代的蜡版书。

基督教的兴起与演变

基督教是世界三大宗教之一，它产生于公元1世纪的巴勒斯坦居住地的犹太人之间。基督教的产生有着深刻的历史根源，它的兴起是犹太人反抗罗马统治的群众运动的产物。犹太人是一个多灾多难的民族，在历史上曾先后被亚述人、巴比伦人、波斯人、希腊人和罗马人所征服和统治，在他们不断的起义和斗争中，幻想有一种超人的力量来拯救他们，基督教于是也就这样诞生了。

基督教产生之初只是一个没有自我意识的犹太教宗派，它的成员以真正的犹太教徒自命。从1世纪中叶起，随着越来越多的非犹太人被吸引到基督教的社团里，逐渐形成自己的教义、组织制度和礼仪等。这样，到2世纪中叶，基督教社团已从没有自我意识的初期阶段发展成在思想上和组织上都具有独立形态的基督教会。

早期基督教曾受到罗马皇帝的残酷迫害和镇压。直到当罗马对基督教的镇压显然徒劳之后，帝国的统治者开始认识到任何以强力消灭基督教的企图都是不现实的；而且要有效地控制帝国，都必须首先维持和基督教会的和平，于是，罗马统治者开始大力扶植基督教，并逐

步使其变成了罗马帝国的官方宗教。

然而，基督教内部东、西方教会之间的分歧日渐增大，文化传统、历史、地理等方面的原因不断促使两大教会不断分裂，但最根本的直接原因则是双方领导集团为争夺教会的最高统治权不断发生冲突，最终导致基督教在1054年彻底分裂。东部教会标榜自己的"正统性"被称为"正教"，又因是东部教会，所以又称"东正教"，而在崇拜仪式中要用希腊礼仪，所以又称"希腊正教"。西部教会则强调自己的"普世性"，被称为"公教"，因为其领导中心在罗马，所以又称"罗马公教"，也作"罗马天主教"。

基督教的教义可归纳为两个字"博爱"。在耶稣眼里，博爱分为两个方面：爱上帝和爱人如己。在基督教的教义中，爱上帝是指在宗教生活方面要全心全意的侍奉上帝。基督教是严格的神教，只承认上帝耶和华是最高的神，反对多神崇拜和偶像崇拜，也反对宗教生活上的繁文缛节和哗众取宠。爱人如己是基督徒日常生活的基本准则，它的要求是：人应该自我完善，应该严于律己，宽以待人，应该忍耐、宽恕，要爱仇敌，并从爱仇敌进而反对暴力反抗。只有做到上述要求，才能达到博爱的最高境界——爱人如己。

基督教的经典是《圣经》。《圣经》中记述的都是上帝的启示，是基督教徒信仰的总纲和处世的规范，是永恒的真理。《圣经》分为《新约全书》和《旧约全书》两部分。《旧约》原是犹太教的经典，耶稣对他的某些方面提出了自己的、不同于犹太教的看法，并做出了解释说明，作为自己信仰的一个重要依据。《旧约》包括律法书、先知书、历史书和杂集四类，共39卷，其中记录了天地起源、犹太人的来源和历史以及古代犹太人的文学作品。《新约》包括福音书（即《马太福音》《马可福音》《路加福音》和《约翰福音》）、历史书、使徒书信和启示录四类，共27卷，其中主要记述了耶稣及其门徒的言行，在《启示录》中，还记述了基督教对末日审判的预言。

基督教内分有几大主要教派：

天主教：天主教亦称"公教"，因为它以罗马为中心，所以又称"罗马公教"，有时亦被称为"旧教"，以区别于基督教"新教"。天主教以罗马教皇为神圣不可侵犯，严格划分俗士和神职人员，后者不可结婚。

正教：以君士坦丁堡为中心的大部分东派教会自称"正教"，正教不接受罗马教皇的领导，只承认他是"罗马主教"和"西部教会的牧首"。除主教外，一般神职人员可以婚娶。

新教：又称"更正教"。最初脱离天主教的新教派系包括路德宗、加尔文宗和圣公宗，后来又陆续分化出更多的宗派。新教以《圣经》为信仰的最高权威，不承认罗马教皇的绝对权威，也不接受罗马教廷的统一领导。新教废除了禁止神职人员婚娶的规定，简化了宗教仪式和圣礼，其圣事只有洗礼和圣餐礼两项。

基督教对西方社会的影响是广泛且又深远的，无论是在建筑艺术、文学、道德、政治和法律等方面，还是在科学及社会生活等方面，都

可以看到基督教的阴影。尤其是近代以来，这种影响趋势不仅没减弱，反而加强，并伴随着资本主义的入侵，基督教在世界范围内都得到了传播。世界上再没有其他宗教能像基督教那样产生如此深远而广泛的影响，而且近代社会改革总是离不开基督教改革的前导作用，这使得我们不得不另眼相看。

古印度文明的发源地

在南亚次大陆，有一个头枕喜马拉雅山，脚濯印度洋，恢恢然陈躺而又生机无限的古老国度，这就是被人称作"月亮之国"的印度。因其国土形状宛若牛首，也有人称之为"牛颅之国"。

古印度包括今天的印度、巴基斯坦和孟加拉国，面积约410余万平方公里，远大于古代埃及与巴比伦的面积之和。

印度位于亚洲南部，是一个半岛，状如不规则的倒三角形。也有的学者将印度形象地比喻成一只硕大无比的牛乳，并相应将印度洋上的明珠斯里兰卡比做从这乳房中流出的一滴乳汁。

莽莽苍苍的喜马拉雅山脉横亘在印度北部，将其与亚洲大陆隔离开来。因此，这一地域又被称为南亚次大陆或印度次大陆。喜马拉雅山脉拥有多座世界高峰，海拔达到或超过7300米的就有110余座。世界最高峰珠穆朗玛峰即在其中。这些伟岸的山峰顶部终年白雪皑皑，位于永久雪线之上。

数千年来，对于南亚民族产生了人格化的深刻的影响，这从他们

的文学、政治、经济，以及他们的神话和宗教中皆有表现。也许，冰川覆盖的浩茫高峰，早就吸引了古代印度朝山进香者们的瞩目和遐想，在他们的神话中，印度人们认为，毁灭之神湿婆和他的妻子雪山神女就居住在喜马拉雅群山中的盖拉娑山上，而喜马拉雅（Himalaya）之名，则来源于古印度梵语词hima（雪）和alaya（域）。

从印度方向看，喜马拉雅山脉像是一弯硕大的新月，主光轴超出雪线之上。雪原、高山冰川和雪崩都向低谷冰川供水，使之成为大多数喜马拉雅山脉河流的源头。

古代印度的主要河流如印度河、恒河、布拉马普特拉河等均发源或流经喜马拉雅山脉。正是这些水量丰沛、浩浩荡荡的河流，吸引了印度先民前来定居并滋养了印度文明。水是生命之源，没有水就没有生命，也就没有人类文明。印度人对这些河流充满感情，恒河更是他们心目中伟大的圣河。

印度河流域是印度古代文明的摇篮，恒河流域是佛教的诞生地。印度半岛的东面是辽阔的孟加拉湾，西面是浩瀚的阿拉伯海，南端逐渐缩小，伸入印度洋中。喜马拉雅山脉与半岛三面的水域形成古代印度的天然屏障，使印度文明处于相对的封闭状态，从而形成了独特的面貌和个性。

森林常常是印度古代仙人静思悟道之地。另外一部梵文史诗《摩诃婆罗多》中的著名故事《沙恭达罗》也有森林生活的背景。广阔的林海为印度先民提供了丰富的食物，使智者们得以沉湎于精神追求而无腹中之忧。可以说，森林是印度文明发育的一个重要场所。

雄伟的山脉、浩瀚的海洋、奔腾的江河与茂密的森林表现出自然的强大力量，生活在古代独特地理环境下的印度先民，对于自然怀有普遍的敬畏心理。人们在无法理解与解释自然现象时，就容易将之归于超自然的力量，并把这种力量神格化。

在史前时代，自然神崇拜和巫术在印度已经相当流行。它们成为后世印度众多宗教的滥觞。印度成为宗教王国并产生独特的宗教文化与印度相对封闭的地理环境不无关系。

印度教、佛教、耆那教等印度宗教的诞生就远早于基督教和伊斯兰教。众所周知，耆那教中有一个派别被称为天衣派。他们主张过简朴的生活，反对积蓄私财，因此以不穿衣服为他们的鲜明标志。这样的教派只能出现并存在于冬无严寒的印度。

印度文明就是在这样一片辽阔的土地上兴起和不断发展的。早在旧石器时代，印度先民就主要靠狩猎和采集维持生存，大约在距今12000—8000年期间，印度先民开始种植谷物，驯养家畜，制作陶罐，同时学习缝纫衣服。

考古学家们在印度各地，特别是在印度西北部和德干高原，均发

现了大量新石器时代的打磨精致的石制工具。这一事实说明，印度先民的分布已经相当广泛。

印度地域辽阔，物产丰饶，对于远古人类来说显然是一片乐土。除了夏季炎热之外，印度的自然环境是十分优越的。由于自远古时代起就非常适宜人类生存，印度对不同地区的人类具有巨大的吸引力。从非洲、大洋洲和欧亚大陆，先后有不同的种族侵入或移居印度。现代印度人，基本上就是这些种族的混血后裔。即使在今天，印度的人种依然相当复杂。因此，印度历来有"人种博物馆"之称，也有"人类学的天堂"之说。

古代印度在文学、哲学和自然科学等方面对人类文明作出了独创性的贡献。在文学方面，创作了不朽的史诗《摩诃婆罗多》和《罗摩衍那》。在哲学方面，创立了《因明学》，相当于今天的逻辑学。在自然科学方面，最杰出的贡献是发明了目前世界通用的计数法，创造了包括"0"在内的10个数字符号。所谓阿拉伯数字实际上起源于印度，只是通过阿拉伯人传播到西方而已。公元前6世纪，在古代印度还产生了佛教，后来佛教先后传入中国、朝鲜、日本等国。

古代印度的艺术成就还表现在雕刻、绘画和建筑等方面上。印度宗教和宗教神话为古代印度艺术提供了永恒的主题。《阿旃陀石窟》体现了古印度艺术的独特风格和高超技巧，是雕刻、绘画和建筑三种艺术结合的范例，被誉为世界艺术精粹之一。另外，印度青铜造像的传统非常悠久，可以追溯到约公元前2500年—公无前1500年印度河时代的《青铜舞女像》。印度最著名的建筑首推吸收了多种建筑艺术风格的《泰姬陵》。

古印度的文化遗产丰富，它与中国同为世界四大文明古国之列，它丰富、玄奥和神奇的文明，深深地吸引着人们，它辉煌的成就和独特的价值观念及思想体系，在整个世界文明中都占有重要的地位。

古印度神秘的印章之谜

　　印章对我们并不陌生，但在属于哈拉帕文化的古印度地区出土了大量的印章，就不能不引起我们的好奇。印章文字，应该是目前世界已知的最早文字体系，甚至有人把古印度文明就称为印章文明。

　　第一枚印章是在19世纪中叶于哈拉帕出土的，后来陆续又在哈拉帕和摩亨佐·达罗遗址出土了三万多枚印章，印章上的文字和图案，诡秘怪异，没有人能猜出代表什么寓意。从这些印章的材质上看，有天青石的、陶土的、象牙的，还有铜做的。印章的形状一般为2.5厘米直径长的正方形，当然也有的呈长方形。

　　在这些出土的印章中，哈拉帕、摩亨佐·达罗早期文化层里出土的印章文字显得比较古朴，符号繁杂，罗塔尔出土的印章文字则已经明显简化。印章文字的笔画由直线和弧线组成，从右向左书写，有一些字符仍然保留着象形文字的特点。

　　印章上最引人注目的刻画图形是牛的形象。在摩亨佐·达罗出土的123个铜印章上，有36个刻画着牛的图形；还有头上长角的立姿人兽图形和抽象的牛头图案。牛在古印度人的精神生活中占据着非同寻常的位置。牛不仅为人们提供了生产动力、乳和肉，而且更代表了一种丰足，成为人们向往美好生活的心理寄托和希望的象征。对牛的崇拜，构成印度河流域文明最突出的一道风景线。出现在印章上的动物还有大象、骆驼、羊，可能还有狗等。山川河流等自然物也很常见。还有一类数量不多的印章图形很特别——它们或是人兽共处，或是人兽同体，这反映着印度河流域宗教信仰的另一种表现形式—天神崇拜。

在印度河流域，那些富有的、地位显赫的人士往往都有自己的独特标志。他们把这种标志刻在印章上，在需要的时刻就盖下来，或随身带着以表示自己的身份；有时也把它送给异邦友人作为纪念。所以，这些印章已越出印度河流域，在两河流域等地区也发现了它们的踪迹。但不管怎么说，这些印章文字应该是一个国家文明水准的标志，有文字的印章很可能在政治、经济活动中担任重要角色，或代表一种权利，或作为商业制造者的印鉴等，也不排除印章上的兽形具有护身符和图腾的意义，但对这些印章意义和用途的最终解释，依赖于对印章文字的解读，而这些文字，也许就是揭开古印度文明奥秘的关键。

一般来说，文字都经历过一个从象形文字到表音表意文字的发展过程，埃及、中国和印度河流域的文字都有共同点，因而很可能有一个共同的发源。印度学者拉奥特别强调了中国的象形文字与古

印度印章文字的共同之处，许多人也都推测这些印章上的图像和符号，应该是哈拉帕文化时期的象形文字，但这种观点虽然令人注目，还是缺乏确凿的证据，无数试图释读它们的努力至今未能获得成功。

我们从哈拉帕出土的印章等器物上看，大概应有419个符号，假如哈拉帕文化的文字像后来的梵文一样是字母文字，419个符号显然太多，如果一个符号代表一个字或者一个词，显然太少，有的学者提出，哈拉帕文字采用的是音意结合的形式，就像古代埃及象形文字一样。但因为哈拉帕文字与已知的任何一个古代的文字都没有直接的联系，学者们缺少破译古文字所必需的参照，因此释读该文字时含有许多猜想的成分。

赫罗兹尼曾早期推测过，古印度印章上的这一文字属于印欧语系。可是自20世纪70年代以来，越来越多的研究者抛弃了这一看法，而认为它是印度土著的达罗毗荼语。1924年9月，英国考古学家马歇尔爵士在对出土的印度文化认真研究之后，向外界宣布，"没有理由认为，这一地区的文化是从其他地区传入的。"后来，历史证明了他的判断是正确的。1976年，美国学者费尔塞维斯发表了他的研究成果，对马歇尔以及后世者的观点作出了总结。他宣布自己已破译出一百个文字符号，甚至已可释读某些完整的句子，认为这一文字体系已发展到一定水平，属于古达罗毗荼语。

一枚小小的印章，虽然只有那么几厘米大，却包含了如此深厚的文明内涵，与那些残墙断壁、沟渠孔洞相比，它是雕刻技艺精湛的艺术品，更是以图形和文字符号，向后人昭示着文明信息的珍贵文献。这种文明的结晶到底隐藏着多少奥秘，我们不得而知，但当这些秘密全部被破译时，古印度文明也就不再神秘了。

修炼心灵的印度瑜伽

瑜伽对于我们现代人来说并不陌生，通过控制心意和器官达到心神合一、自我同天的境地，这是瑜伽的基本功能和状态，这种古老的修心之术已成为现代人愉悦身心、净化心灵的常用手段，而这种神秘的修身之术，源起于印度。

瑜伽原意是"结合""和谐"和"一致"。它在印度有着源远流长的历史，可以追溯到印度河流域文明时期的约公元前3000年左右，从哈拉帕和摩亨佐·达罗的印章中，我们常可以看到那时的苦行僧修炼瑜伽的形象，到后来的雅利安人进入印度，在征服与统治过程中也吸收和继承了瑜伽，佛教兴起时，也将瑜伽作为修行方法。

瑜伽也可以说是古印度的一种宗教。它是佛教和基督教以前的宗教，是宗教性少的宗教。人们相信通过修炼瑜伽可以摆脱轮回的痛苦，内在的自我将与宇宙的无上我合一；通过修炼瑜伽将产生轮回的种子烧毁，心的主体被顿悟，一切障碍都将不复存在。

很难区分瑜伽与印度教的关系，印度教中认为生命不是以生为始，以死为终，而是无穷无尽一系列生命之中的一个环节，每一段生命都有前世造作的行为所决定。一切生命，即使在天上，都必有终期，不能在天上或人间求得快乐。虔诚的印度人的愿望是获得解脱，即脱离生死轮回，在那种不变的状态中获得安息，这种对肉体和精神的看法是跟瑜伽的基本理论相同的，无论在寺庙中、经典中，生活中，在许许多多的范围里，两者的关系都彼此相互融合。

对于一个瑜伽的修行者来说，最重要的是学会静坐。在印度，经常可以看到袒胸露背的苦行僧在路旁打坐冥想，在这段时间中，苦行僧以及其极端的方式对待肉体，生活及其简单并实行彻底的禁欲。苦行僧通常身体消瘦，衣襟简朴甚至破烂，皮肤黝黑，但是他们目光犀利，有坚定的信念和善良的品行，经常具有常人没有的神奇的神通力，一个有丰富知识的瑜伽者在任何地方都会得到任何生命的赞许，瑜伽也是印度先贤在最深沉的观想和静定的状态下，从直觉来领悟生命的认知。

瑜伽修持者开始只有少数人，一般在寺院、乡间小舍、深山丛林、幽洞清泉，由瑜伽师讲授给那些愿意接受的门徒，后来，瑜伽逐步在印度普通人之中流传开来。为追求心中所求，他们在自然中磨炼自己，据说达到心神合一的境界时，连蚂蚁集中其身都不以为意。

瑜伽的修行分为八个阶段：1.约束；2.戒律；3.姿势和体位；4.调节呼吸；5.控制感觉；6.精神集中；7.冥想；8.三昧。所谓三昧，是指心神平静，杂念止息，从世俗中超脱出来的境界。

瑜伽有多种流派，有的以修身养性为主，有的以锻炼身体为目的。

医学上的瑜伽疗法采用各式各样的体位，调整呼吸，集中注意力或冥想，使心身安定，解除应激，恢复身体内环境稳定和自然治愈力。印度也把气功和练气功的师傅统称为瑜伽。

瑜伽在印度极为盛行，目前印度除了宗教瑜伽之外，还有大量的世俗瑜伽，后者抛弃了宗教学说的神秘色彩，以修身养性，作为健康身心、防治疾病、延年益寿的手段。在印度有许多瑜伽学校，专门传授瑜伽术，还有不少瑜伽师漂洋过海赴欧美传徒授艺。

释迦牟尼与早期宗教

佛教是世界三大宗教之一，古印度是佛教的发源地。佛教创始人名悉达多，姓乔达摩，出生于古印度的迦毗罗卫国（约在今印度、尼泊尔境内），大约生活在公元前566—公元前486年。释迦牟尼是佛教徒对他的尊称，意思是"释迦族的贤人"。

在早期佛教的典籍中，并没有佛教创始人生平的完整记录，释迦牟尼主要事迹散见于佛教各个部派后来编成的经律中，而且往往与神话交织在一起，有许多荒诞的成分，剔除这些神话虚构，大体可以找出一些较为可信的史实。

乔达摩出身于刹帝利种姓，是迦毗罗卫国净饭王太子，其母摩耶夫人早死，由姨母摩诃婆阇波提抚养长大。少年时代接受婆罗门教的传统教育，学习吠陀经典和五明。后与觉善王女耶输陀罗结婚，生子曰罗喉罗。29岁离家，到处寻师访友，探索人生解脱之道。

关于乔达摩出家的动机，佛教的传说不完全相同，有说是因为他看到了人体的丑恶：有说是因为他看到了生老病死的痛苦。从当时社会考察，可能与他经历了亡国灭族的惨祸有关。传说佛陀布教，曾得

到拘萨罗国王波斯匿(即胜军王)的赞赏。但该国大臣利用波斯匿不在国内的机会，发动政变，拥立他的儿子毗琉离(即毗卢择迦)为王，不久发兵消灭了释迦的国家。当毗琉离王兴兵之日，佛陀曾于路上劝阻，但未成功。被杀"释种"，"积尸如莽，流血成池。"佛陀曾听到释氏五百妇女被戮含苦称佛的声音，他无可奈何，唯有遣比丘为他们说法："羁缠五欲，流转三涂，恩爱别离，生死长远。"阶级关系的剧烈变化和战争，加剧了的社会不幸，当是促使乔达摩产生消极厌世思想的主要原因。

离家之后，先到王舍城郊外漫游，跟随数论派先驱阿逻逻迦罗摩和郁陀迦罗摩子学习禅定。数月之后，觉得不满足。他不否认禅定的作用，但认为禅定不是目的。接着他尝试通过严格的苦行发现真理，寻求解脱。据说，他认为：摩擦湿木不能生火，摩擦干木才能取火；人身亦需经过苦行，清除体液，才能悟出真理。于是他逐渐减少饮食，直到每天只吃一粒米，后七天进一餐。他穿鹿皮、树皮，睡在鹿粪牛粪上，有时卧于荆棘上。六年后，身体消瘦，形同枯木，却依然没有发现什么真理。

乔达摩认识到苦行并不能获得解脱，开始净身进食。他渡过尼连禅河，来到伽耶(今菩提伽耶)，坐在毕钵罗村(后称菩提村)下，沉思默想。据说，经过七天七夜，终于悟出了"四谛"的真理。这标志他真正觉悟成道了，因而被称为"佛陀"，或简称"佛"，意思是"觉悟者"。这一年他35岁。此后他就一心转向传教活动，历时45年，直到死去。他的活动地区主要在摩揭陀、拘萨罗和跋耆三国，东面最远到过瞻波，西到摩偷罗。当时这一带经济文化发达，沙门运动高涨，新的宗教团体和哲学派别，大都在这里活动。

传说佛陀在成道后，首先赶往婆罗奈城郊的鹿野苑，寻找曾随他一道出家的阿若陈如等五个侍从，并向他们讲说"四谛"之理，即苦谛、集谛、灭谛、道谛。苦谛是说人生有各种痛苦，如生、老、病、死等；集谛是说人所以有多种痛苦，其根源是由"欲望"造成的；灭谛是说既然苦因产生于欲望，那么，灭苦因就要灭欲望，这样才能达到超脱的理想境界，即"涅槃"境界；道谛是指达到"涅槃"境界的具体方法，即修道的八种方法，又称八正道，即"正见""正思""正语""正业""正命""正精进""正念""正定"。由于从不同角度讲了三遍，佛史称作"三转法轮"。佛陀还主张要坚持"中道"原则，即既要避免极端苦行，又反对任情纵欲，只有"中道"才是解脱的"正道"。这是佛陀首次宣讲佛法，所以也称为"初转法轮"。陈如等五人信仰了佛陀教义，成为他的首批僧侣，号"五比丘"。

佛陀一天的活动似乎很有规律，他黎明起床，坐禅静思，近中午时，外出乞食。有时在午饭前访问某些沙门。中午饭后，到聚落外的静寂处坐禅沉思。黄昏为弟子宣法，或到聚落里向俗人传教。一直到晚上。他一年中的大部分时间是漫游、布道，雨季停止旅行3个月，称为"伐沙"（坐夏）。佛陀的这种生活方式，当是早期僧侣的生活缩影，后来就形成了佛教的某些生活规则、戒律的雏形。

　　佛陀在传教中经常与"外道"沙门辩论。据佛典记载，佛陀总是在辩论中取胜，使他们纷纷皈依佛教。有一次佛陀走在鹿野苑的路上，遇到一位"邪命外道"沙门，佛陀对他说法，表示自己已经成道，这位"邪命外道"摇头离去，走上另一条路。佛陀的道理并没能使一切人信服。佛陀八十岁逝世。据说他灭于拘尸那迦城(印度北方邦境内)附近的希拉尼耶伐底河边的娑罗林中。关于他一生的传说，很难肯定有多少真实的成分。不过从中大体可以看到早期佛教僧侣的一般生活情景，有助于对佛教基本教义的理解。

　　佛教的教义有严密的逻辑性，虽有婆罗门教轮回说成分，但不承认神能主宰人的命运，一个人要达到最高境界完全靠自己，而不是靠神，同时要人们脱离现实，断绝各种欲望，通过苦行僧生活达到虚无缥缈的涅槃境界，由于"众生平等"的口号对下层群众具有吸引力，所以佛教得到迅速发展和广泛传播。公元7世纪前期，佛教由印度传入我国。

　　佛教在今天仍然盛行，全世界现在大约有两亿多的佛教信徒。

古印度的音乐与舞蹈

古印度独特的历史背景，融合了历史时空的多种文化潮流。多民族的国家，使音乐舞蹈呈现多元化。古印度人对音乐舞蹈的热爱，在世界上是绝无仅有的，他们对音乐舞蹈的需要，就如他们对宗教的需要，就如生命对事物的需要一样重要，印度人有个说法，没有音乐和舞蹈，生活就像白水一杯。

印度的歌舞多种多样，多姿美妙，无论是圣诗一般的纯美曲调，还是美妙动人的舞姿舞步，都使人深深沉醉，乐而忘返。

从文献记载来看，印度的音乐舞蹈至少已有3000多年的历史了，上古时代就有了专业歌者和琴师。印度古典音乐最初为一个体系，但在发展进程中逐渐分为印度斯坦音乐与卡纳塔克音乐。由于印度人能歌善舞，民间音乐也十分发达。古典音乐满足审美需要，民间音乐却具有社会功能，人们在生产劳动和日常生活中载歌载舞。印度的山野林间、河流海洋之上，都可以经常听到旋律优美的歌声。

印度的乐器品种丰富，主要分为弦鸣乐器、革鸣乐器、体鸣乐器和气鸣乐器四类。其中七弦乐器维那琴、西塔尔琴、双面手鼓等都很

有特色，也都具有丰富的表现力。

印度音乐曾经对中国古代音乐产生巨大影响。在东汉时期，印度音乐随佛教一道传入我国。公元3世纪，梵教音乐开始在中国流行。在隋代，七声音阶传入我国。唐代音乐十分发达，其中就有天竺乐、龟兹乐、安国乐、康居乐、西域乐等直接或间接源于印度的音乐成分。

舞蹈是音乐的孪生兄弟，印度先民就十分喜欢舞蹈，我们从摩亨佐·达罗出土的大量印章和雕塑中可以看出，早在那个时期的古印度，音乐舞蹈就是他们生活的内容之一，在一个有七个人像的印章中，可以看出谁在唱歌，谁在跳舞；而在哈拉帕出土的一个男性躯干雕像，呈典型的跳舞姿态，一脚抬起，手臂外伸，它由灰色石头雕成，躯干上有小孔连着头和手臂，他们都可以移动，这种姿势与躯体舞蹈的雕像极为相似。在后来印度建造的神庙里，也有很多表演舞蹈的雕像，那些被历史定格下来的舞蹈者的某些舞步和舞姿，是那样的美妙动人，依然为今天的人们所仿效。

在印度的神话传说中，神明是最初的舞者，按照传说，印度教三大神之一的湿婆是印度舞蹈的始祖。据说他会跳108种舞，既会女性的柔舞，也会男性的刚舞和劲舞，宇宙就在他的舞蹈之中周而复始地走向毁灭和新生。

印度古典舞蹈分为南北两大体系和四大流派。由于历史和社会的变迁，每一种舞蹈形式在演变之后均具有独特的技巧，但它们还是拥有一些共同的审美原则和技巧特点，同时都从印度神话取材，虽然在风格上存在巨大差异，但可依照舞蹈场合分为工作性、季节性、演武性、宗教性和仪式性五种。舞蹈动作以模仿自然和劳动等为特点，如表现自然富丽的色彩、季节的流转变幻和播种水稻、采集食物等。有些民间舞蹈亦很浪漫。

印度民间舞蹈是一座蕴藏着无数舞蹈资源的宝库，具有无可估量的艺术价值。实际上，大多数技巧精湛的印度古典舞蹈起源于民间舞蹈。

古印度对音乐舞蹈的痴迷，表现于他们不仅把歌舞当作是生活中一部分，而且加以神话，他们或将一些舞女和乐师神化，或将他们崇拜的主神刻画成舞蹈形象以寄托自己对美好生活的向往。印度舞蹈进化到现在，据说已经有180种形式之多，印度人常常用毕生的精力专攻一派古典舞，而且要从七八岁开始学。一般来说，南印度的舞蹈崇尚轻柔，北印度的舞蹈多注重速度。谈到音乐舞蹈，人们自然要起到印度电影中的歌舞，几乎没有一部电影没有歌舞，那些阵营强大的群舞和伴舞，不仅最大限度地凸显了印度的自然风光和人文传统，而且越来越多地糅合了西方的做派和现代的风格。但是印度音乐舞蹈和电影舞蹈的发展并行不悖，他们相互间并互相融合，民间舞蹈常常也会在正式场合出现，而古典舞蹈和电影舞蹈除了表现浪漫和幻想之外，也开始表现民间的疾苦。这就使印度的舞蹈世界显得更加丰富多彩。

在印度，不仅人人都会跳舞，而且丝毫没有忸怩作态和矫揉造作之情。许多印度人日常生活中就穿着民间舞蹈的服装，用不着太多打

扮和化妆，跳起舞来显得朴实自然。也许正是因为这些特点，才使我们对印度舞蹈有着由衷的赞赏。

古印度人对音乐舞蹈的热爱，为今天的巴基斯坦人和印度人所继承，尤其是印度人将这种爱好发挥到极致，成为印度的民族特征之一，印度，也因此被誉为"歌舞王国"。

阿拉伯数字的真正由来

数学是一门严谨的科学，数学计算的最重要基础是数字，也就是"阿拉伯数字"。而这个名称却是一个历史的错误，其实，这些数字从"1"到"0"与十进位法，都是源自古印度，是古代印度人在生产和实践中逐步创造出来的。由于这些数字由阿拉伯人传到西方，西方人便将这些数字称为"阿拉伯数字"，以后以讹传讹，世界各地也就都认同了这个说法，"阿拉伯数字"也就约定俗成了。

这些数字源起于古印度庞大的城市建设设计和规划，以及进行祭祀时需要计算日月星辰的运行，为了做好这些繁杂的工作，古印度人发展出一套自己的数字，就是这些所谓的"阿拉伯数字"。

大约在公元前3000年，印度河流域居民的数字已比较先进，而且采用了十进位的计算方法。到公元前3世纪，印度出现了整套的数字，但在各地区的写法并不完全一致，其中最有代表性的是婆罗门式：这一组数字在当时是比较常用的。它的特点是从"1"到"9"每个数都有专字。现代数字就是由这一组数字演化而来。在这一组数字中，还没有出现"0"（零）的符号。"0"这个数字是到了笈多王朝（公元

320~550年）时期才出现的。公元4世纪完成的数学著作《太阳手册》中，已使用"0"的符号，当时只是实心小圆点"·"。后来，到笈多时期才"标准化"，小圆点演化成为小圆圈"O"。而所谓的"阿拉伯数字"见诸阿拉伯典籍要比阿育王《岩石垂谕》晚1000年。

这样，一套从"1"到"0"的数字就趋于完善了。这是古代印度人民对世界文化的巨大贡献。曾经有人说，中国是从佛教的传教士那里学得的印度的十进位制，但2002年的中国考古在湖南龙山县里耶古城的考古发掘证明，中国在先秦就掌握了十进位制，但是"0"这个最富有价值的数字，却是古印度带给全人类的最有意义的礼物之一。

古印度的数字传播在当时很广，最先传到的是斯里兰卡、缅甸和柬埔寨等近邻国家。公元7到8世纪，地跨亚非欧三洲的阿拉伯帝国崛起。阿拉伯帝国在向四周扩张的同时，阿拉伯人也广泛汲取古代希腊、罗马、印度等国的先进文化，大量翻译这些国家的科学著作。公元771年，印度的一位旅行家毛卡经过长途跋涉，来到了阿拉伯帝国阿拔斯王朝首都巴格达。毛卡把随身携带的一部印度天文学著作《西德罕塔》，献给了当时的哈里发（国王）曼苏尔。曼苏尔十分珍爱这部书，下令翻译家将它译为阿拉伯文。译本取名《信德欣德》。这部著作中应用了大量的印度数字。由此，印度数字便被阿拉伯人吸收和采纳。

此后，阿拉伯人逐渐放弃了他们原来作为计算符号的28个字母，而广泛采用印度数字，并且在实践中还对印度数字加以修改完善，使之更便于书写。

阿拉伯人掌握了印度数字后，很快又把它介绍给欧洲人。中世纪的欧洲人，在计数时使用的是冗长的罗马数字，十分不方便。因此，简单而明了的印度数字一传到欧洲，就受到欧洲人的欢迎。可是，开始时印度数字取代罗马数字，却遭到了基督教教会的强烈反对，因为这是来自"异教徒"的知识。但实践证明印度数字远远优于罗马数字。

1202年，意大利出版了一本重要的数学书籍《计算之书》，书中广泛使用了由阿拉伯人改进的印度数字，它标志着新数字在欧洲使用的开始。这本书共分十五章。在第一章开头就写道："印度的九个数目字是'9、8、7、6、5、4、3、2、1'，用这九个数字以及阿拉伯人叫作'零'的记号'0'，任何数都可以表示出来。"

随着岁月的推移，到十四世纪，中国印刷术传到欧洲，更加速了印度数字在欧洲的推广与应用。印度数字逐渐为全欧洲人所采用。

古印度人不注意写作和记述，因此，他们的计算特别是心算能力得到了很好的锻炼，这种特质为今天的印度人所继承，不能不说，今天的印度软件产业异军突起，在一个连地铁和高速公路都没有的国家竟然建起了发达的"信息高速公路"，从某种程度上说，与印度人的老祖宗遗传下的数学基因不无关系。

也许正是因为他们不注意写作和记述，西方人在接受了经阿拉伯传来的印度数字时，他们忽视了古代印度人，而只认为是阿拉伯人的功绩，称其为阿拉伯数字，直到现在，这个错误的称呼一直流传至今。

世界上最早的整形外科

　　古印度的医学闻名于世，他们最懂得对病人和弱者给予关爱之情，文明从中国的高僧法显的描述中就可以知道，在公元5世纪，古印度就出现了类似我们今天慈善医院的机构，这些医院免费提供医疗服务，是所有国家的穷苦人、残疾人和患者可以求助的地方。不过，古印度最出名的是它的整形外科，特别是耳朵和鼻子的整形术，因为印度人相信，拉长耳垂能够驱除恶鬼，还能美化容颜。印度医学著作《妙闻集》对有关的做法描述详尽。像大多数印度古籍一样，这部著作的成书年代也很难得到精确的认定，但当代的学者们多把其假定的作者——著名外科医生"妙闻"的在世时期，定在公元前最后几个世纪的某个时候。

　　同现代整形外科相比，妙闻技术是在2000余年之前出现的。这些技术之所以在如此之早的时期问世，也是缘于现实的需要，印度人有拉长耳垂的习俗。在印度的早期社会，所有心地善良的父母都要给自己孩子的耳朵打孔，据说这样做既可以驱邪避恶，又能使孩子显得好看。打孔工作由受过训练的医师们来完成。他们在耳垂上钻出一个小孔，把软麻布塞在里面。如果没有受到感染，那么每隔三天孩子再来检查一次，塞上更大的软麻布以及木环和铅坠，使皮肤慢慢拉长。耳垂越长，人们便觉得他们越美。但是，除要造出加长的耳垂外，外科医生还要做一件重要工作，即进行修补。出现事故意味着病人要带着开裂的耳朵来频繁造访。妙闻在世时期，为拉长耳垂而可能出现的不同损伤都做了系统分类，并找到了相应的治疗方法，其数量被妙闻描述为"无以计数"。从刺入肌肉和拉长皮肤等实践活动中取得的经验，为古代外科取得盖世无双的成就提供了一个完美无缺的背景。

妙闻对移植面部肌肉，使已经彻底撕裂的耳垂得以恢复的过程作了如下的描述："精通外科知识的医生应当从无耳垂者的面颊上切下一块活肉，单要让其中的一端附着在原来的位置（如面颊）上。然后在准备再造耳垂的部位（用解剖刀）留些轻微的划痕，充满血液和按先前的说明切下的活肉则应该贴在这个部位上。"

这一古老的手术使用了现代外科学的一项经典技术——移植体残端悬垂物，也就是切下一块U形长条肌肉并环绕在另一块之上，因为在那里已为移植准备好了组织。血液凝固后便将两个表面连为一体；它们最终会长在一起并交换血液，那块肌肉可在这一部位同"供体"分离。今天，为造出新耳垂，也做类似的手术，但所使用的皮肤来自耳朵后部而非面颊。

古代印度的外科医生们也运用同样的技术来实现更为伟大的奇迹——鼻成形术，即修复甚至再造鼻子。对所使用的方法，《妙闻集》

又一次作了描述。为了再造一个鼻子，要从患者的前额切下一块叶形皮肤，在鼻梁上要留下一根"叶柄"。然后将这块皮肤表面朝外，向下翻转，包住两根充作鼻腔的人工导管。还要像在耳垂手术中所做的那样在组织上留下划痕，使得叶形的侧面能够长在脸上。

罗马人也做过整形外科手术实验。诗人马提雅尔（公元1世纪末）曾提到有个柏柏尔人尤擅将获得自由的奴隶身上的火印去掉。罗马作家塞尔苏斯在略早于马提雅尔的时期编撰了一部医学百科全书，对两次整形外科手术有过描述。一次是用几块拉长的皮肤来覆盖无法痊愈的伤口或溃疡，然后将它们缝合在一起。另一次是给因耳环过重而导致耳上形成小洞的人做手术，此人想把小洞去掉。塞尔苏斯描述了修复耳垂的过程。手术产生了效果，但并未达到妙闻提出的各项标准，因为妙闻能造出一个可使患者免受瘙痒之苦的新耳垂。

实际上，在将近两千年的时间内，世界上还没有其他任何地区曾将堪与古代印度相媲美的此类先进技术付诸实践。印度外科学的某些知识传给了阿拉伯人，从那里再传播到地中海地区，于是便有了关西西里医师在1400年前后再造新鼻的历史记载。不过，现代意义上的西方整形外科却是在18世纪才出现的。当时，在东印度公司工作的英国医生从印度外科医生那里学到了鼻成形技术的秘诀。

古印度奇异的敬牛风俗

古印度是世界上最大的"牛国",共有两亿多头,约占世界上牛总数的四分之一,牛的数目有印度人口的二分之一左右,也就是说,在印度每两个人中就有一头牛。而且,印度的牛还有"圣牛"之称,古印度人敬牛,是他们尊敬劳动的象征。

为什么牛在印度文明中有着这么神圣的地位呢?这与印度的宗教习俗有很大关系。

不光是牛,在众多的动物之中,与印度教有关的最多。印度教主张万物有灵的"泛神论",把许许多多大山大河,动物植物都敬奉为神,或当作精神的寄托,形成人与自然紧密联系的"梵文化",处处体现人对自然的崇敬、感恩之情。

印度人尊崇好多种动物,例如猿猴类就有称为"哈努曼"的猴神,被许多印度的村镇到处都供奉着。印度史诗《罗摩衍那》的主人翁罗摩王子在和恶魔罗婆那作战时,千钧一发之际得到猴军相助,因而取得最后胜利。从此以后,猴子就被纳入诸神当中,受到人们敬奉。此外,印度人宠养有许多的小松鼠和多得数不清的乌鸦,大象在印度则

是象征幸福的神祇之一，印度钱币上就印有三种动物：虎、犀和大象，而国徽上则有四种动物：雄狮、大象、骏马和公牛。

不过，在所有动物中最"神圣"的就属牛了。而牛之所以被视为"圣牛"，成为宗教上崇拜的对象，有数种说法，有人说，是因为"牛是湿婆神的骑乘，也是他的麾下，同时那头牛还是人称为'南蒂'的生殖之神。"有的提出，"牛是以创造之神毗湿奴为本、与毗湿奴一起创造出来的神圣生物。"还有人说，"印度教众神中以湿婆与毗湿奴最具人气。毗湿奴不同于性格激烈的湿婆，脾气温和；而且在世间遭遇灾难时会化身成世间生物拯救生灵，据说化身有十种。他的第八个化身———黑天神，具备神力擅吹笛，拥有迷惑女性的魅力；少年时是个牧童，看牧的就是牛。"

种种说法都可以看出印度宗教上的影响。其实，就算不看宗教上的因素，牛对印度人的生活来说本就有难分难离的重要性。这种关系和价值观从古至今不曾有太大的变化。牛给印度人提供了奶食，并担负耕地、运输等工作。印度教徒把牛看作"神牛""圣牛"，牛受到特别的尊敬，可能有这个原因。

首先，牛不论在农耕或运输上，对人类帮助甚大，是极为重要的劳动力提供者，当然，这在其他国家也是一样的。其次，母牛提供牛乳，不仅可以直接饮用，还可以制成优酪乳或奶油。奶油在料理上又是不可欠缺的油品之一，并且在祭典上是"圣火"的重要燃油。再次，连牛排泄出来的粪便都有利用价值———只要收集起来捏成饼状予以干燥，即可当作燃料使用。不仅农村以牛粪做燃料，对于住在都市里用不起瓦斯和电气的阶层而言，它也是生活中不可欠缺的必需品。

牛在印度是名副其实的宗教上和生活上的"圣牛"。在印度供奉湿婆神的庙门口有牛的塑像，游人进庙，首先要脱下皮鞋，因皮鞋大多用牛皮制成。在城市街道上，牛可以自由自在地行走，车辆要给它们让路；甚至许多大型卡车司机在驾驶室里供着牛像，以求神牛保佑出入平安。

在市场上，牛可以随便吃市场上的食品，主人不但不加以驱逐，相反还要跪在牛的面前，双手捧着最好的食品供奉它的来临。当牛衰老后，就被送到"圣牛养老院"去供养。印度每年都要举行一次敬牛的节日活动，把花环和铜铃系在牛颈上，牛角涂上色彩，并在牛颈上挂上糕饼和椰果，僧侣击鼓诵经在街上护送牛游行。当牛把颈上的食物、果品摇掉时，旁边的人纷纷抢拾，认为这是神的恩赐。其实，牛皮是印度出口的重要财源，如果制定法令禁止杀牛的话，那不等于是掐住自己脖子？据说因为这样的事情，激进的教徒曾和其他势力结合进行抵制，后来他们嫌中央政府态度太过温暾，于是在1967年发起"反对屠杀圣牛运动"，包围国会抗议示威，并且和警察起了激烈冲突，结果造成数百人死伤。

既然是圣物，就不可侵犯，但也很容易在战场上被敌人用来制胜。有一段关于战场的文字这样写道："假如对方是士兵，可以直接射击；假如对方是装甲部队，好歹还可以拿个什么火箭筒或者炸药包上去跟

他们拼了；可是，现在对方是一群牛怎么办？拿刀上去捅？那还不如把自己一刀捅死算了。"

虽然印度人把牛当作神，但这个"神"也还是要为人干活。在印度广大的乡村，牛是人们重要的生活、生产工具，耕地、驮重物、充当交通工具什么的，正常牛该干的活，印度牛也都得干。所不同的是，印度人除了把牛当工具用外，也把它当心爱的宠物来打扮。主要是在牛头上有各种装饰，如在牛角上挂上系着红丝带的小铃铛，牛走动起来，便会发出阵阵清脆悦耳的声响；更多的是在牛角上涂抹红蓝、黄红、蓝黄等对比鲜明的色彩，远远地望去，就像戴了顶缤纷灿烂的帽子，让人感到十分温馨。印度的牛似乎很了解自己的"圣牛"地位，相较于其他动物，在态度上显得颇为"高傲"。常常不是大摇大摆坐在车水马龙的路上，就是优哉游哉地走进只有一公尺宽的小巷，害得人们必须退回原地等它通过后才能进入。

走在路上的牛就像飞在天上的鸟那么自然，有的成群结队地在路边闲逛，有的旁若无人地在拥塞的交通道口自在地穿行，红绿灯、警察不能管束它们，好似一个"特权阶层"，真是"牛气十足"，有的安然地趴在道路中间狭长的隔离带上东张西望或闭目养神。总之，走在路上，你随时可以看到自由自在的牛的身影，它们就像是印度人中的一员，这真是印度的一大奇观呢！

源远流长的华夏文明

　　华夏大地幅员辽阔，在这片土地上曾出现了若干既相互联系又相互区别的区域文化，他们最终凝聚成了多元一体的华夏文明。数千年来，尽管危机迭现，但华夏文明仍一脉相承，绵延不绝，正是这异乎寻常的凝聚力，赋予了中华民族经久不衰的生命力。

　　华夏文明是世界最古老的文明之一，也是世界唯一没有中断的文明。一般认为，它直接的源头有三个，即黄河文明、长江文明和北方草原文明，华夏文明是三种区域文明交流、融合、升华的灿烂果实。产生华夏文明的重要因素非黄河和长江莫属了。在黄河流域产生的农业文明，受到历史时期自然地理因素的影响，不断向长江流域农业文明过渡、发展。长江流域农业文明是黄河流域农业文明的继承和发展。

　　中国是人类重要的发祥地之一。早在约八百万年以前，在云南的开远、禄丰等地已经生活着古猿。此后，经过漫长时间的进化，产生

了不同时期的原始人、氏族部落，如元谋猿人、蓝田猿人、北京猿人、山顶洞人及半坡人等等，同时经历了原始人群、母系社会和父系社会几个阶段。

中国这个辉煌文明的古老国度，从步入文明的门槛之日起，先后经历了夏朝、商朝、西周、春秋、战国、秦朝、西汉、东汉、三国、西晋、东晋十六国、南北朝、隋朝、唐朝、五代、宋辽夏金、元朝、明朝和清朝等等历史时期。历代统治者，以其各自的政绩在历史舞台上演出了内容不同的剧目，或名垂青史，或遗臭万年。其中在夏、商、西周和春秋时代，经历了奴隶社会发展的全部过程。从战国开始，封建社会孕育形成，秦朝则建立了中国历史上第一个中央集权的大一统封建帝国。此后，两汉王朝是封建社会迅速成长的阶段，唐、宋时期经历了封建社会最辉煌的时代，至明、清两代，封建社会盛极而衰，并最终步入多灾多难的近代社会。

在数千年的古代历史上，中华民族以不屈不挠的顽强意志和勇于探索的聪明才智，谱写了波澜壮阔的历史画卷，创造了同期世界历史上极其灿烂的物质文明与精神文明。万里长城、大运河、明清故宫以及多姿多彩的各种出土文物，无不反映出大胆、高超的生产技术；同时在思想文化、科学技术领域产生了无数杰出的人物，创造出无比博大、深厚的业绩；而包括指南针、造纸术、火药和印刷术这"四大发明"在内的无数科技成就，更使全人类获益匪浅。

中国的文学成就是巨大的，它的影响非常深远，继《诗经》三百篇之后，在我国文学史上放射出万丈光芒的诗歌是爱国诗人屈原的"楚辞"。

两汉文学、赋和散文都很发达。主要标志是司马迁的《史记》。

到了唐宋更是我国文学史上一个光辉的时代，诗歌、散文、小说都取得了杰出的成就。仅《全唐诗》所录就有二千三百多人，近五万首诗。宋代的散文、诗、词，继承唐五代的成就，继续有所发展。话本、戏曲、说唱文学更为元明以来小说、戏曲的繁荣准备了条件。

元杂剧是在我国深厚的民族艺术基础上，直接受"院本"和"诸宫调"的影响而产生的。

明代在元明之际出现了优秀的长篇小说《三国演义》《水浒传》，《三国志通俗演义》《水浒传》和《西游记》等著名作品，是在人民群众集体创作的基础上经过作家加工再创造而成的。

清代优秀的文言小说和长篇章回小说对封建制度和统治阶级的揭露批判达到了新的高度，如《聊斋志异》《儒林外史》《红楼梦》等著名的作品。清代传奇、杂剧是明代戏曲发展的继续。

古代的中国，勇于进取，以开阔的胸怀包容四海，开拓疆域，在不同的历史时期涌现出多民族融合的壮观景象，汉族与众多少数民族

共同推动了社会的进步。与此同时，在对外交往活动中，中华民族一方面积极汲取其他国家和民族之所长，另一方面更尽自己之所能，无私地将自己取得的卓越成果推向世界。

殷墟出土的甲骨文

　　甲骨文是商周时代刻在龟甲兽骨上的文字。是现存中国最古老的一种成熟文字。它被认为是现代汉字的早期形式，现在文字是甲骨文演变而来的。

　　从殷商的甲骨文看来，当时的汉字已经发展成为比较完整的汉语文字体系了，在已发现的殷墟甲骨文里，出现的单字数量已达4000字左右，其中既有大量指事字、象形字、会意字，也有很多形声字。虽然这些文字和我们现在使用的文字在外形上有巨大的区别，但是从构字方法来看，二者基本上是一致的。只是甲骨文原始图画文字的痕迹还比较明显，有些象形字只注重突出实物的特征，而笔画多少、正反向背却不统一。

　　甲骨文中的异体字非常多，因为甲骨文的一些会意字，只要求偏旁会合起来含义明确，而不要求固定，有的一个字可有十几个甚至几十个写法。甲骨文的形体，往往是以所表示实物的繁简决定大小，有的一个字可以占上几个字的位置，也可有长、有短。因为字是用刀刻在较硬的兽骨上，所以笔画较细，方笔居多。

由于甲骨文是用刀刻成的，而刀有锐有钝，骨质有细有粗，有硬有软，所以刻出的笔画粗细不一，甚至有的纤细如发，笔画的连接处又有剥落，浑厚粗重。结构上，长短大小均无一定，或是疏疏落落，参差错综；或是密密层层十分严整庄重，故能显出古朴多姿的无限情趣，展现了中国文字的独特魅力。

严格地讲，中国的书法是由甲骨文开始的，因为甲骨文已备书法的三个要素，即用笔、结构、章法。它在结体上虽然大小不一，错综变化，但已具有对称、稳定的格局。安阳殷墟甲骨文是目前所知我国最早的系统文字，也是比较成熟的文字。而上古文字的点横撇捺、疏密结构，用今天的眼光去看，确实初具用笔、结构、章法等书法要旨，孕育着书法艺术的美，很值得欣赏与品味。

若就甲骨文书契形式做粗略的一瞥，会发现早期字体较大，像罗振玉编《殷虚书契菁华》所收录的许多武丁时期的卜辞，非常大气、醒目；而到商末帝乙、帝辛时代，字变得细小委琐；至于西周甲骨文则更是细若束发。

甲骨文风格类型：一是劲健雄浑型；二是秀丽轻巧型；三是工整规矩型；四是疏朗清秀型；五是丰腴古拙型。总之尽管甲骨文是契刻出来的文字，但笔意充盈，百体杂陈，或骨骼开张，有放逸之趣；或细密绢秀，具簪花之格，字里行间，多有书法之美。

中国商代和西周早期（约公元前16世纪—前10世纪）以龟甲、兽骨为载体的文献，是已知汉语文献的最早形态，也是一种重要的古汉字资料。在殷商后期中央王朝都城的殷墟上发现的甲骨文，绝大部分都是商王朝统治者的占卜纪录。除占卜刻辞外，还有少数记事刻辞，内容涉及当时天文、历法、气象、地理、方国、世系、家族、人物、职官、征伐、刑狱、农业、畜牧、田猎、交通、宗教、祭祀、疾病、生育、灾祸等，所以甲骨文的内容可以隐略了解商朝人的生活情形，也可以得知商朝历史发展的状况。是研究中国古代特别是商代社会历史、文化、语言文字的极其珍贵的第一手资料。

甲骨文的发现是十分偶然而又富于戏剧色彩的，清末光绪 25 年（公元 1899 年）秋，在北京清朝廷任国子监祭酒（相当于中央教育机构的最高长官）的王懿荣（1845—1900）得了疟疾，派人到宣武门外菜市口的达仁堂中药店买回一剂中药，王懿荣无意中看到其中的一味叫龙骨的药品上面刻画着一些符号。龙骨是古代脊椎动物的骨骼，在这种几十万年前的骨头上怎会有刻画的符号呢？这不禁引起他的好奇。对古代金石文字素有研究的王懿荣便仔细端详起来，觉得这不是一般的刻痕，很像古代文字，但其形状又非籀（大篆）非篆（小篆）。

为了找到更多的龙骨做深入研究，他派人赶到达仁堂，以每片二两银子的高价，把药店所有刻有符号的龙骨全部买下，后来又通过古董商范维卿等人进行搜购，累计共收集了 1500 多片。

他对这批龙骨进行仔细研究分析后认为，它们并非什么"龙"骨，而是几千年前的龟甲和兽骨。他从甲骨上的刻画痕迹逐渐辨识出"雨""日""月""山""水"等字，后又找出商代几位国王的名字。由此肯

定这是刻画在兽骨上的古代文字，从此这些刻有古代文字的甲骨在社会各界引起了轰动，文人学士和古董商人竞相搜求。

甲骨文引导炎黄子孙走上使图形记号表示意义，而不约束其读音的文字发展历程。这既造就了绵绵数千年统一的文化意识，也导致汉民族语言扩张乏力。如今甲骨学已成为一门蔚为壮观的世界性学科，从事研究的中外学者有500多人，发表的专著、论文达3000多种。甲骨文的发现，是近代中国考古的第三大发现（敦煌石窟、周口店猿人遗迹）之一，它对历史学、文字学、考古学等方面都具有极其重要的意义。

中国古代科举制度

中国科举制度是中国历史上的考试选拔官员的一种基本制度。它渊源于汉朝，创始于隋朝，确立于唐朝，完备于宋朝，兴盛于明、清两朝，废除于清朝末年，历经隋、唐、宋、元、明、清。根据史书记载，从隋朝大业元年（605）的进士科算起到光绪三十一年（1905）正式废除，整整绵延存在了1300年。

中国科举制度的产生是历史的必然和一大进步，它所一直坚持的是"自由报名、公开考试、平等竞争、择优取仕"的原则，它对我国古代社会的选官制度，特别是对汉代的察举和征辟制、魏晋南北朝的九品中正制，是一个直接有力的替代和否定，给广大中小地主和平民百姓通过科举的阶梯而入仕以登上历史的政治舞台，提供了平个公平竞争的平台、机会和条件。

在漫长的1300年的科举考试中，曾产生出700多名状元、近11万名进士、数百万名举人（至于秀才就更不计其数了）。隋唐以后，几乎每一位知识分子都与科举考试有着不解之缘和密切关系，从未参加过科举考试的是极少数。中国历史上，善于治国安邦的名臣、名相，有

杰出贡献的政治家、思想家、文学家、艺术家、科学家、外交家、军事家等大都出自状元、进士和举人之中。

1300年的科举制度几乎占据了中国两千多年封建社会3/5和中国五千年文明史的近1/3的时间，历史之长，影响之大，家喻户晓，妇孺皆知。它对于祖国的统一、社会的稳定、各民族的团结和融合，对于中华文明的传播和建设，特别是对儒家文化和古代教育的促进和发展都曾产生过巨大作用。

科举这种形式独特的考试制度，其目的并不仅仅在于考校人才，它还有其他许多重要的功能，例如察举制下士人为官首先依赖于地方长官的举荐，士人遂与地方牧守有了"故吏"的亲密关系，这曾是分权与割据的社会条件之一，而科举时代士人沿金字塔的考试体制趋向于中央，他们遂由牧守"故吏"变为"天子门生"了。科举也确立了一个相对客观理性的标准，保证了社会上下层的活跃对流，并以此维系了一个既承担行政，又承担教化的士大夫阶层的存在。

我国的科举制度从宋元以后东渐西传，越南、日本、韩国、朝鲜，在其国内都较长时间仿照中国推行过科举制度；法国、美国、英国等国家的选拔官吏的政治制度也都直接受到中国科举制度的作用和重要影响。因此，孙中山先生曾充分肯定中国的科举制度"是世界各国中所用以拔取真才之最古最好的制度"（《五权宪法》）。西方人将中国的科举制度称之为"中国第五大发明"（《五权宪法》）。它无疑对中华民族，对全人类都曾起到过一个了不起的贡献。

中国的科举考试内容到明代以八股为主，即"八股取仕"。它逐步成为僵化模式，特别是到晚清时成为严重束缚知识分子的枷锁，暴露出种种弊端，因此，吴敬梓才写出了《儒林外史》这部讽刺科场的不朽名著。在清朝末年的社会变动之中，"废除科举，兴办学堂"，已成为历史的必然，维新派与改革派人士提出改良与废止科举的主张，这一改革首先针对的是八股文的积弊，要求把新的政治、经济、法律和国际知识作为考试内容。进而，在1904年举行的进士考试中，录取了最后一名状元，从此，1300年的科举制度宣告结束。停止科举的上谕在1905年正式颁布。

但是科举的废除，并不等于考试录用方法的完全废除，不如说考试方式以其他的形式融入了新的教育体制与文官体制，并在新的条件下得以合理化，现代文官制度依然依赖于考试制度。

严格说来，中国的科举制度应分为文举和武举（文科和武科）制度。武举是专门选拔武官而设置的科目。武举制度是唐武则天长安二年（702）始置，清光绪二十七年（1901）废除，历时1200年。其考试程序与文举基本一样，只是内容与时间的不同。在中国科举史上，自唐以后，历来是文武两科，殊途并进。但是，中国的科举制度历来重视文科，文科一直占据科举的统治地位。

儒教和儒教的发展

儒教，或称孔教、名教、礼教或先王之教。儒教是以孔子为先师，圣人神道设教，倡导王道德治、尊王攘夷和上下秩序的国家宗教。

儒教以十三经为宗教经典，以古代官僚机构为宗教组织，以孔庙为宗教场所，以祭天、祭祖、释奠礼为宗教仪式。而狭义上则是指民国初年以来康有为等人的孔教运动。儒教是中国传统的国家宗教，也是中国传统文化的神经和灵魂。由于中国传统文化五千年未曾中断，儒教在数千年的演变和发展中也未曾中断。

"儒教"一词首先出现于《史记》，其《游侠列传》道："鲁人皆以儒教，而朱家用侠闻"。到了汉代末年，儒者蔡邕就正式使用作为名词的儒教。魏晋时代，"儒教"这个概念逐渐流行开来。隋唐以后，就成为指称由古代圣帝明王开创和不断改进的、由孔子加以综合创新的、在汉代被国家立为国教的宗教。

古代中国人把儒教又叫作"圣教"。"儒"是春秋时从巫、史、祝、卜中分化出来的、熟悉诗书礼乐而为贵族服务的术士，依据可靠的文献资料，曾经协助周武王推翻了商朝统治的周公姬旦，在周朝建立以后，曾经"制礼作乐"，建立了当时先进的政教一体的礼仪制度。但是数百年以后，这套制度逐渐遭到了破坏。春秋时代的孔丘，忧虑当时的混乱状况，一生恓恓惶惶，希望国家恢复秩序和安定。他是当时最为博学的学者，因而得到许多人的尊敬，他被尊称为"孔子"或"夫子"，人们称呼他的名字就感到是一种亵渎。但是他的主张得不到当时国君们的响应。于是，他整理了被认为是古代圣帝明王们创造的文化成果，并且提出了自己的理解，希望这些文献能够成为后世人们行为的依据。经由孔子整理的古代文献，成为儒经或者儒经的基础。由于周公姬旦和孔子在礼仪制度和宗教观念上的重大贡献，直到唐代，人们还常常是"周孔"并称，认为他们是两个最大的圣人，并把儒教的主张说成是"周孔之道"。

汉代由于国家统治的需要，从汉武帝开始，实行"独尊儒术"的政策。儒者董仲舒依据孔子的思想，适应新的历史条件，对传统的国家宗教教义进行了新的解说。在董仲舒新解说的基础上，后来的儒教不断努力，逐渐使传统宗教彻底建立在由周公、孔子奠定的儒家学说的基础之上。因而，独尊儒术，是传统的国家宗教彻底儒化的开端，也是儒教的真正开端。

经由董仲舒重新解释和发挥的儒教教义，重视礼仪制度的建设，特别是其中祭天、祭祖的礼仪制度建设。完备而复杂的礼仪制度有助于人们养成遵守秩序、安分守己的习惯，这正是儒教重视礼仪的重要目的之一。然而礼仪制度的外在性质，也容易导致虚伪。魏晋时代，

儒教思想家以王弼等人为代表，认为应该更加重视有形可见的行为背后那无形可见的东西，并且认为，那背后无形可见的东西，比起有形可见的，更加重要。他们的意见虽然得到许多人的赞同，却并没有成为儒教国家的思想指导，因为他们讲不出那个"无"是什么，会导致由于理解不同而各行其是。

隋唐时代，礼仪制度的建设达到了高潮。唐代中期制订的《开元礼》，成为后代礼仪制度的模范，其中对于如何祭天、祭祖，如何祭孔，都做了详细的、具有法典意义的规定。这样的制度建设本应使国家趋于安定，然而不久即爆发了著名的"安史之乱"，国家从此陷入混乱，唐代政权从此也一蹶不振。唐朝后期的儒者反思儒教的效能，一面主张应该坚决排斥佛教和道教，另一面认为应诉诸人们内心，培养人们遵守礼仪制度的虔诚，因而对于心性问题的探讨逐渐成为儒者们最重要的理论方向。《孟子》《大学》《中庸》等过去被忽略的儒教典籍受到特别重视。到了宋代，经过程颢、程颐兄弟和他们的后继者主要是朱熹的努力，《孟子》等著作受到特别的重视和《论语》一起被称为"四书"，成为儒者们必修的最重要的著作。

儒教自汉代以来被奉为官学。在中国古代，儒教或孔教始终居于社会或国家的统治地位。个别皇帝或国家官吏崇拜佛教、道教，仅仅是个人的行为，而不代表国家。中国古代国家，从汉代开始，一直是把儒教或孔教作为国家宗教。

儒教教义的演变也就分为两个大的阶段。前一阶段是重视礼仪制度建设的"周孔之道"，后一阶段是重视培养内心虔诚的"孔孟之道"。清朝儒者把唐代及其以前阶段的教义称为"汉学"，而把宋代开始的儒学称为"宋学"。礼仪制度的建设仍然是重要的，但是宋学更加要求自觉自愿地遵守。在后人看来，他们过分强调内心修养，因而失去了治理国家的能力。然而在宋学的主张者看来，搞好内心的修养，就能够精通国家的各项制度，达到治国平天下的目的。因为他们认为，人人心里都有一个天赋的遵守礼仪制度的天理，问题在于要通过内心的修养，把这个天理开发出来，或者说，是把这被私欲遮蔽或污染了的天理显现出来。

儒教的意思，就是儒者们所从事的"教"。教，就是教育、教化。这个"教育、教化"，不仅是指学校教育，而且是对于广大民众。这个教，不是现代意义上的教育，而是借助神祇进行教育、教化，即"神道设教"。"神道设教"是儒教圣经《周易》里的话："圣人以神道设教，而天下服矣"。（《周易·观·象》）依照儒者们的解释，这句话的意思是，用神道教育民众，民众容易接受和服从。后世有人把这话解释为儒者们自己不信神祇，而仅仅用神祇来教育民众，乃是对儒教的误解。现存所有的儒教文献，都找不到儒者们不信神祇的记载。

神道设教的意思，也就是宗教。"宗教"这个概念，直到最近，还被学界，包括宗教学界认为是个"外来语"，实际上，这是中国古代原有的词汇。其意义就是用神祇的意志教育民众，也就是神道设教。据许慎《说文解字》："宗，尊祖庙也，从'宀'从'示'"。"宀"表示

的是一个屋子。而"示"的意思是"天垂象，见吉凶，所以示人也。"因此，宗的意思，就是盖个屋子祭祀神祇。而宗教，就是用神祇的意思教育民众。迄今为止，至少是脱离了原始状态的宗教，无一不是一部分人借助神祇的意思来教育民众的一种社会现象。因此，宗教这个概念，比起英文的"religion"，可以说是更加准确而深刻地反映了这类社会现象的本质。儒教是中国传统文化的神经和灵魂，中国传统文化五千年未曾中断，儒教在数千年的演变和发展中不断被赋予新的含义。

中国古代的四大发明

中华文明犹如一颗颗灿烂的繁星，密布在世界文明的浩瀚长空。在中国古代辉煌的技术成就中，对世界科技发展和历史进程影响最大的莫过于四大发明。它们是造纸术、活字印刷术、火药和指南针。

中国的四大发明，不仅更改了世界的原有面貌，也深刻影响了世界文明的进程，其波及的范围遍布世界，其影响之所及千年百年。

造纸术：据考古发现，我国大约在公元前1世纪，就已经有了纸，不过这时的纸只是纺织业漂絮沤麻的副产品，产量很低，质量也差，还不能用于书写。到东汉时期，蔡伦在前人经验的基础上，对造纸术进行了大胆的改革和创新。除了用麻做原料之外，还采用树皮等一些含纤维的东西。并采用石灰碱液蒸煮的加工技术，从而大大提高了纸的产量和质量。此后纸张开始代替竹帛，在全国推广。公元6世纪后，我国的造纸术不断外传。使朝鲜、日本、阿拉伯以及欧洲等地先后学会了造纸术。纸从此成为传播文化、交流思想的重要工具。

印刷术：我国造纸发明以后，由于出版书籍的需要，印刷术也随之产生。公元6世纪初的隋、唐之际，出现了最早的雕版印刷术。这种

印刷术一般用木材为原料，先在木板上刻反字，再给字板涂上墨，印在纸上。由于节工省时。很快盛行起来。宋代雕版印刷达到鼎盛时期，宋太祖开宝四年（971年）于成都板印《大藏经》，共印5048卷，雕版达13万块，用了12年的时间才雕印完工。如此浩大规模的印刷，足以表明雕版印刷已达到相当高的水平。在1041—1048年间，雕刻工毕昇又创造了活字印刷术。即用胶泥做成规格一致的毛坯，在一端刻上反体单字，用火烧硬，成为单个的胶泥活字。用这些活字排版，既节省费用，又大大缩短了时间，十分经济方便。活字印刷的出现是印刷史上一项重大的革命。元代王祯又将胶泥活字改为木活字，创造了转轮排字架。此后还出现了锡、铜、铅等金属材料制成的活字。活字印刷术从13世纪后传到朝鲜、日本，到15世纪中叶，欧洲才掌握了活字印刷术。活字印刷术是我国人民为人类做出的又一项重大贡献。

火药：火药是在炼丹过程中发明的，8世纪—9世纪，炼丹家已经知道硫黄、硝石与木炭混合燃烧时，会发生剧烈的反应。这样，在唐代就发明了以这三种物质为原料的黑色火药。到宋元时期，各种药物成分有了较合理的定量配比，并且先在军事上得到使用，出现了最早的火炮、火枪、火箭、地雷、炸弹等火药武器。现在中国历史博物馆珍藏的铜火镜，制造于元年顺三年（1332年）。它是目前世界上发现的最早的铜炮，由于靠火药作为推动力，其威力较大，称它为"铜将军"。火药在13世纪时传到阿拉伯诸国，阿拉伯和波斯把制造火药的硝称为"中国雪"。14世纪以后，我国制造火药武器的技术经阿拉伯传到欧洲。

指南针：最早的指南针出现在战国时期，当时是天然磁石磨成勺形，把它放在特别光滑的地盘上，用以指南，称为司南。到宋代后期，人们又发现钢铁在磁石上磨过后，也会产生磁性。于是又出现了以此为原料的指南针。由于航海事业发展的需要，人们又开始使用了以此为原料水浮式指南针在阴雨天辨别方向。到元代时，航海已完全靠罗盘指南针指引航向。随着对外贸易和海上交通的发展，指南针及应用技术先后传到阿拉伯地区，并很快传到了欧洲。

造纸、活字印刷术、火药、指南针这四大发明不仅对我国经济、军事、文化等方面发生过较大的作用，尤其是对正在从封建社会向资本主义社会过渡的西方一些国家产生了巨大的影响，成为欧洲资产阶级发展的必要前提。正如马克思所指出的："'火药、指南针、印刷术'"这是预兆资产阶级社会到来的三大发明。火药把骑士阶层炸得粉碎，指南针打开了世界市场并建立了殖民地，而印刷术则变成新教的工具，总的来说变成科学复兴的手段，变成对精神发展创造必要前提的最强大的杠杆。"近代实验科学家的始祖培根在《新工具》一书中也曾说过："如果想看看各种发明的力量、作用，最显著的例子就是新近发明的印刷、火药、指南针。因为这三种东西曾改变了整个的面貌。第一种在文学上，第二种在战争中，第三种在航海上。从那里接着产生了无数的变化、变化是这么之大，以至没有一个帝国，没有一个学派，没有一个赫赫有名的人物能比这三种发明在人类事业中产生

更大的影响。"由此可见，四大发明对推动世界的历史进程做出了巨大贡献。

　　中国古代的技术成就十分辉煌，其中很多技术水平都远远超过了世界其他国家。但是，这些实用性很强的技术，都是为当时封建统治阶级服务的。因此，劳动人民在生产实践中发明的新技术一旦被统治者看中，便能得到重视，并尽快提高和完善以至推广使用。反之，对统治者利益相关不大的技术发明则要遭到阻止和扼杀。就这一点来讲，中国古代技术曾处于世界领先地位和中国近代技术又远远落后于世界，都与封建统治者利益有密切的关系。

　　在5000多年的中华文明史中，中国人民谱写出无数人类世代的咏叹。四大发明就是如此，它不仅是中国古代科技繁荣的标志和中国人聪明智慧的体现，更重要的是它在一定程度上改变了人类近代文明的进程。

龙是中国的一个传说

龙是中国古代最富传奇色彩的神话图腾之一，它的诞生宣告着一个古老民族的勃兴，同时也宣告着英雄时代的来临。古老的东方有一条龙，它的名字就叫中国。

这深情的词句，使每一个中华儿女都以龙的传人而自豪。龙，这种神奇的灵物，以其变化莫测的形象在中国大地上盘旋飞舞，在天空中喷云吐雨，在江湖中兴风作浪。历代帝王年年岁岁都要向着无限苍穹中的幻影顶礼膜拜，一切文学艺术都不断为它献上虔诚的祭品。可是，当代世界，谁曾见过一条龙？千古神州，谁又曾目睹过真正的龙？

龙，实在是中国文化最古老的谜之一。

汉代学者许慎在《说文解字》中说："龙，鳞虫之长，能幽能明，能细能巨，能短能长。春分而登天，秋分而潜渊。"这种描写给永远也见不到龙的人们增加了更多神秘感。

关于龙的起源，从古至今不知有多少文人学者进行过考证。今天，人们最终得到了一种比较一致的结论：龙起源于原始氏族社会的图腾崇拜，它是许多种动物图腾的综合体；作为一种共同的观念和意识形

态，龙代表着整个中华民族的"图腾"，它浓缩着、沉积着原始社会晚期到阶级社会初期人们强烈的感情、思想、信仰和期望，乃至最后成为中华民族的象征。

既然追溯到了原始社会晚期，问题的答案似乎有了眉目。那么，龙究竟是什么图腾或从哪几种图腾中产生的呢？

有的考古学家认为，龙是一种对于爬行动物的原始宗教崇拜的延续和发展，最早的龙就是有角的蛇；另一些考古学家认为，除了龙身可能与蛇有关外，龙首形象的形成，最先可能同猪这种与人类日常生产和生活关系最密切、人们最熟悉的动物有关；也有人指出，龙的起源最早可以追溯到蜥蜴。新石器时代一些陶器上有这种动物逼真的浮雕；还有的人则认为，龙身来源于蛇，龙首则来自马首和牛首；有的民族学家说，最早的龙应该是鳄鱼而不是蛇，传说时代的"豢龙"，就是古代人工驯养的鳄鱼；更多的人根据今天所见到的"龙"的形象，同意闻一多先生早年的分析：龙是蛇加上各种动物而形成的。它以蛇身为主体，接受了兽类的四只脚：马的鬃毛，鬣的尾巴，鹿的角，狗的爪，鱼的鳞和须。

凡此种种，都有一些根据，但包含更多的无疑是推测。

近年来的考古发现，为探索龙的起源提供了一些材料，其中主要有：河南濮阳仰韶文化层中蚌壳摆出的龙；山西襄汾陶寺村龙山文化遗址出土的龙纹陶盘；内蒙古翁牛特旗三星他拉村红山文化遗址出土的玉龙；河南偃师二里头商代以前的龙纹陶片；内蒙古昭乌达盟敖汉旗大甸子商文化出土的龙纹彩陶盆；河南安阳殷墟妇好墓出土的玉龙等等。其中濮阳仰韶文化层中的蚌龙，距今已有6000年左右的历史了，即产生于原始社会之末、夏王朝诞生之前。由此可见，龙起源于原始社会已确凿无疑。而今天人们所熟知的龙的形象，大体在汉代就已经形成。在先秦时代，龙经历了无数次人为的装饰。根据考古发现，我们似乎有理由确认龙的主体是蛇。在我国新石器时代晚期，以蛇为图腾的原始氏族遍布黄河中下游流域和大江南北。蛇是中国古代最普遍的一种动物图腾，在许多遗址的陶器上都有描绘和刻画。

我们还看到，中国历史上流传着许多美丽动人的神话传说，处于原始社会晚期的盘古氏、女娲氏及三皇五帝，《山海经》中的共工、相柳、贰负，《竹书纪年》中属于伏羲氏系统的长龙氏、潜龙氏、屠龙氏、降龙氏、上龙氏、水龙氏、青龙氏、赤龙氏、白龙氏……这一大群人首蛇身或披鳞长角的蛇，无不和古老的氏族部落图腾崇拜有密切联系至汉代，大量画像石、画像砖和绢帛画上表现的伏羲女娲交尾图，有人认为是龙的起源的一种象征。实际上，至春秋时代，龙的基本形象已经形成了。传说中的伏羲女娲可能继承了龙的某些传统，但并没有进一步丰富龙的形象。

迄今为止，关于龙的起源在学术界仍然有许多种意见。众说纷纭，既难统一，争论也不容易继续下去了。现在，人们都寄希望于田野考古新发现。因为，在没有文献记录的原始社会中，对某种传说中事物的验证唯有借助于考古发现来推断。

神州的古迹万里长城

一提到中国，人们常常想起古老的万里长城。长城是公元前220年，一统天下的秦始皇，将修建于早些时候的一些断续的防御工事连接成一个完整的防御系统，用以抵抗来自北方的侵略。在明代（1368—1644），又继续加以修筑，使长城成为世界上最长的军事设施。它在文化艺术上的价值，足以与其在历史和战略上的重要性相媲美。

长城是中国也是世界上修建时间最长、工程量最大的一项古代防御工程。自公元前七八世纪开始，延续不断修筑了2000多年，分布于中国北部和中部的广大土地上，总计长度达50 000多公里，被称之为"上下两千多年，纵横十万余里"。如此浩大的工程不仅在中国就是在世界上，也是绝无仅有的，因而在几百年前就与罗马斗兽场、比萨斜塔等列为中古世界七大奇迹之一。

长城修筑的历史可上溯到公元前9世纪的西周时期，周王朝为了防御北方游牧民族猃狁的袭击。曾筑连续排列的城堡"列城"以作防御。到了公元前七八世纪，春秋战国时期列国诸侯为了相互争霸，互相防守，根据各自的防守需要，在自己的边境上修筑起长城，最早建筑的是公元前7世纪的楚长城，其后齐、韩、魏、赵、燕、秦等大小诸侯国家都相继修筑长城以自卫。这时长城的特点是东、南、西、北方向各不相同，长度较短、从几百公里至1000到2000公里不等。为了与后来秦始皇所修万里长城区别，史家称之为"先秦长城"。

公元前221年，秦始皇并灭了六国诸侯，统一了天下，结束了春秋战国纷争的局面，完成中国历史上第一个封建集权统一国家的大业。为了巩固统一帝国的安全和生产的安定，防御北方强大匈奴游牧民族奴隶主的侵扰，便大修长城。除了利用原来燕、赵、秦部分北方长城的基础之外，还增筑扩修了很多部分，"西起临洮，东止辽东，蜿蜒一万余里"，从此便有了"万里长城"的称号。自秦始皇以后，凡是统治着中原地区的朝代，几乎都要修筑长城。共有汉、晋、北魏、东魏、西魏、北齐、北周、隋、唐、宋、辽、金、元、明、清等十多个朝代，都不同规模地修筑过长城，其中以汉、金、明三个朝代的长城规模最大，都达到了5000公里或10 000公里。从修筑长城的统治民族看，除汉族之外，许多少数民族统治中国的朝代也修长城。清朝康熙时期，虽然停止了大规模的长城修筑，但后来也曾在个别地方修筑了长城。可以说自春秋战国时期开始到清代的2000多年一直没有停止过对长城的修筑。

绵延万里的长城它并不只是一道单独的城墙，而是由城墙、敌楼、关城、墩堡、营城、卫所、镇城烽火台等多种防御工事所组成的一个完整的防御工程体系。这一防御工程体系，由各级军事指挥系统层层

指挥、节节控制。以明长城为例，在万里长城防线上分设了辽东、蓟、宣府、大同、山西、榆林、宁夏、固原、甘肃等九个军事管辖区来分段防守和修缮东起鸭绿江，西止嘉峪关，全长7000多公里的长城，称作"九边重镇"，每镇设总兵官作为这一段长城的军事长官，受兵部的指挥，负责所辖军区内的防务或奉命支援相邻军区的防务。明代长城沿线约有100万人的兵力防守。总兵官平时驻守在镇城内，其余各级官员分驻于卫所、营城、关城和城墙上的敌楼和墩堡之内。

长城的防御工程建筑，在2000多年的修筑过程中积累了丰富的经验。首先是在布局上，秦始皇修筑万里长城时就总结出了"因地形，用险制塞"的经验。2000多年一直遵循这一原则，成为军事布防上的重要依据。在建筑材料和建筑结构上以就地取材、因材施用的原则，创造了许多种结构方法。有夯土、块石片石、砖石混合等结构；在沙漠中还利用了红柳枝条、芦苇与沙砾层层铺筑的结构，可称得上是巧夺天工的创造，在今甘肃玉门关、阳关和新疆境内还保存了2000多年前西汉时期这种长城的遗迹。

长城的城墙是这一防御工程中的主体部分。它建于高山峻岭或平原险阻之处，根据地形和防御功能的需要而修建，凡在平原或要隘之处修筑得十分高大坚固，而在高山险处则较为低矮狭窄，以节约人力和费用，甚至一些最为陡峻之处无法修筑的地方便采取了"山险墙"和"劈山墙"的办法，在居庸关、八达岭和河北、山西、甘肃等地区的长城城墙，一般平均高七八米，底部厚六七米，墙顶宽四五米。在城墙顶上，内侧设宇墙，高一米余，以防巡逻士兵跌落，外侧一面设垛口墙，高2米左右，垛口墙的上部设有望口，下部有射洞和礌石孔，以观看敌情和射击、滚放礌石之用。有的重要城墙顶上，还建有层层障墙，以抵抗万一登上城墙的敌人。到了明代中期，戚继光调任蓟镇总兵时，对长城的防御工事做了重大的改进，在城墙顶上设置了敌楼或敌台，以住宿巡逻士兵和储存武器粮秣，使长城的防御功能极大的加强。

关城是万里长城防线上最为集中的防御据点。关城设置的位置至关重要，均是选择在有利防守的地形之处，以收到以极少的兵力抵御强大的入侵者的效果，古称"一夫当关，万夫莫开"，生动地说明了关城的重要性。长城沿线的关城有大有小，数量很多。就以明长城的关城来说，大大小小有近千处之多，著名的如山海关、黄崖关、居庸关、紫荆关、倒马关、平型关、雁门关、偏关、嘉峪关以及汉代的阳关、玉门关等。有些大的关城附近还带有许多小关，如山海关附近就有十多处小关城，共同组成了万里长城的防御工程建筑系统。有些重要的关城，本身就有几重防线，如居庸关除本关外，尚有南口、北口、上关三道关防。北口即八达岭，是居庸关最重要的前哨防线。

烽火台是万里长城防御工程中最为重要的组成部分之一。它的作用是作为传递军情的设施。烽火台这种传递信息的工具很早就有了，长城一开始修筑的时候就很好地利用了它而且逐步加以完善，成了古代传递军情的一种最好的方法。传递的方法是白天燃烟，夜间举火，

因白天阳光很强，火光不易见到，夜间火光很远就能看见。这是一传递信息很科学又很迅速的方法。为了报告敌兵来犯的多少，采用了以燃烟、举火数目的多少来加以区别。到了明朝还在燃烟、举火数目的同时加放炮声，以增强报警的效果，使军情传递顷刻千里。在古代没有电话、无线电通信的情况下，这种传递军情信息的办法可以说十分迅速了。关于烽火台的布局也是十分重要的，要紧的是要把它布置在高山险处或是峰回路转的地方，而且必须是要三个台都能相互望见，以便于看见和传递。烽火台在汉代曾经称过亭、亭隧、烽燧等名称，明代称作烟墩。它除了传递军情之外，还为来往使节保护安全，提供食宿、供应马匹粮秣等服务。还有些地段的长城只设烽台、亭燧而不筑墙的，可见烽火台在长城防御体系中的重要性。

长城有极高的旅游观光价值和历史文化意义，现在经过精心开发修复，山海关、居庸关八达岭、司马台、慕田峪、嘉峪关等处已成为驰名中外的旅游胜地。

登高远眺，凭古怀幽，古战场的金戈铁马似乎就在眼前。如今，长城与埃及的金字塔、罗马的斗兽场、意大利的比萨斜塔等同被誉为世界七大奇迹，是中华民族古老文化的丰碑和智慧结晶，象征着中华民族的血脉相承和民族精神。

神秘的楼兰古国之谜

楼兰古国，从来就不缺乏关注的目光，它被重新发现的100多年里，每一个发现都会引起人们极大的兴趣，围绕着楼兰的每一次讨论，也都会挑起人们无限的想象和好奇，时至今日，沉落荒漠深处的楼兰依然蒙着神秘的面纱。

楼兰城是罗布泊地区的一个古国，它的城郭曾经是我国西汉古丝道上的一个重要交通枢纽。但这样一座公元前后活跃几个世纪的城市，到公元4世纪后竟然完全沦于荒漠。在沙漠深处，还有一片方圆20公里的古城遗址，紧邻干涸的尼雅河床。据说考古工作者发现它时，覆沙已经退去，露出了真迹：街道整齐，屋宇完好，树木环绕的涝坝痕迹清晰可见。屋内各种农具，甚至储粮的瓮、罐内还有籽实。好像突然降临的灾难，使人们还来不及搬运和逃生，便被湮没了。科学工作者先后提出多种学说，但究竟是何原因，还不知其解。

楼兰在2000多年前盛极一时，历史上，楼兰是西汉时西域三十六国之一。张骞通西域后，楼兰成为东西方交通的重要孔道。魏晋之时，西域长史驻楼兰城，使之成为西域政治、军事、经济、文化中心。古

丝绸之路南、北两道早些时候就从楼兰分道。楼兰城作为亚洲腹部的交通枢纽城镇，在东西方文化交流中曾起过重要作用。汉朝、匈奴和周围一些游牧民族国家经常为争夺楼兰进行大规模战争。在那时东来西往的商队远远望见楼兰城上飘扬的旗帜便像看到了可口的食物、芳香的美酒和繁华的街市。

楼兰从人们的视野和古代史籍中，一直消失了1500年，直到斯文·赫定的脚步唤醒来楼兰的千年沉梦。1900年，斯文·赫定在罗布泊西岸发现了被风沙半埋的古城，发掘出大批汉文木简残纸，经研读，确认此处即为史籍上多次提到的楼兰国遗址。此后，许多中外人士纷纷来到这里，楼兰的面纱被一点点揭开。

1979年，新疆文物考古研究所发掘了古墓沟墓地，其发掘成果将楼兰文明推进到3800年前的青铜器时代；1980年，考古学家在罗布泊铁板河发现一具保存完好的女尸，"楼兰美女"轰动世界；1995年—1996年新疆考古所发掘的楼兰西北的营盘墓地被认为是罗布泊地区100年来发掘面积最大、文化内涵最丰富的一处墓地。在楼兰这片近10万平方公里的荒漠戈壁上，遗迹星罗棋布，楼兰古城、罗布泊南古城遗址、米兰遗址、孔雀河烽燧群等，还有楼兰墓葬、营盘古城及墓葬、小河墓葬等，其中小河墓葬位于罗布泊西部、孔雀河支流的小河流域，已发现8处墓地和1处烽燧遗址，最重要的是小河5号墓地，它是目前新疆境内发现规模大、形制非常特殊的古代墓葬。而还有许多遗迹淹没在大漠风沙中，它们中都隐藏着楼兰的诸多秘密。

　　根据孔雀河故道下游太阳墓地和小河5号墓地出土的干尸，考古专家推测，在大约上溯4000年左右的期间，楼兰地区生活着一支以游牧为生的金发碧眼的原始欧洲人种，但有的学者认为，斯文·赫定发现的这个楼兰古城既不是早期楼兰王国的都城，更不是楼兰改国名为鄯善后的国都（扜）泥城，因为楼兰古城碳14测定的年代不早于东汉。斯坦因在黄文弼发现的土垠遗址西南不远处发现了一座汉代古城（编号LE城），新疆考古研究所称其"方城"，位于罗布泊北岸之西，铁板河末流的河网地带，"方城"距离楼兰古城24公里，北京大学林梅村教授认为这是早期的楼兰都城。

　　2003年3月19日新疆文物考古研究所楼兰考古队在对楼兰被盗墓葬进行清理时，发现了墓室中的壁画。这座墓葬距LE方城约4公里，距离楼兰古城24公里。墓室规模较大，前后室均绘壁画，前室东壁所绘身着华丽服装的男女人物形象，是墓主人高贵身份的显示。专家否定了这是楼兰"王陵"的说法，推测其为3世纪前后城内一个贵族家族的合葬墓。

　　在戈壁大漠中沉睡了1500年的楼兰，留给人们太多未解之谜：曾经繁华一时的楼兰为什么会变成这般模样？楼兰文明是如何失落的呢？创造了楼兰文明的楼兰居民又是怎样一群人？虽然每一次考古发现都将可能进一步揭开这些谜底。但楼兰王国的历史，远不是一个楼兰古城所能揭开的。关于楼兰古国的消失，有着各种各样的推测，有人说，楼兰消失于战争，也有人说楼兰败于干旱缺水，还有人认为，楼兰的

消失与罗布泊的南北游移有关，或者与丝绸之路北道的开辟有关。另一种说法是，楼兰被瘟疫疾病毁灭或被传入的蝼蛄昆虫打败。

楼兰被人们称为"一块紧张的世界史的纪念碑"。曾盛极一时的西域重镇悄然退出历史舞台后，还一直保持着她"谢幕"时的姿态，令人恍惚觉得历史就发生在昨天，这一切至今还是个没有真正揭开的谜底。

雄伟的秦始皇兵马俑

在中国古代的帝王皇陵中，秦始皇陵是世界规模最大、结构最奇特、内涵最丰富的陵墓之一。这座豪华的地下宫殿，可以同埃及金字塔和古希腊雕塑相媲美，它的雄美壮阔，震惊中外，它不仅是中国人民的艺术珍品，更是世界人民的共同财富。

秦始皇陵是中国历史上第一个皇帝嬴政（前259—前210）的陵墓，位于中国北部陕西省临潼县城东5公里处的骊山北麓，建于公元前246年至公元前208年。秦始皇嬴政从13岁起，就开始营建由丞相李斯主持规划设计，大将章邯监工，修筑时间长达38年的秦陵墓，其工程之浩大、气魄之宏伟，创历代封建统治者奢侈厚葬之先例，是中国历史上第一个规模庞大，设计完善的帝王陵寝。当时，秦朝总人口约2000万，而筑陵劳役达72万之多。修陵冢用土，取自今陵园以南2000米的三刘村到县采石场之间，有高5—25米的多级黄土崖。修陵园所用大量石料取自渭河北的仲山、峻峨山，全靠人力运至临潼，工程十分艰难。

秦始皇陵土陵冢高43米，底边周长1700余米，筑有内外两重夯

土城垣，象征都城的皇城和宫城。内城略呈方形，周长3890米，除北面开两门外，其余三面各开一门。外城为长方形，周长6294米，四面各开一门。

秦始皇兵马俑坑是秦始皇陵的陪葬坑，位于陵园东侧1500米处。1974年3月，在陵东的西杨村村民抗旱打井时，在陵墓以东三里的下和村和五垃村之间，发现规模宏大的秦始皇陵兵马俑坑，经考古工作者的发掘，才揭开了埋葬于地下的2000多年前的秦俑宝藏。

秦始皇兵马俑陪葬坑坐西向东，三坑呈品字形排列。它是世界最大的地下军事博物馆。俑坑布局合理，结构奇特，在深5米左右的坑底，每隔3米架起一道东西向的承重墙，兵马俑排列在墙间空当的过洞中。

最早发现的是一号俑坑，呈长方形，东西长230米，南北宽62米，深约5米，总面积14260平方米，四面有斜坡门道，左右两侧又各有一个兵马俑坑，现称二号坑和三号坑。从各坑的形制结构及其兵马俑装备情况判断，一号坑象征由步兵和战车组成的主体部队，二号坑为步兵、骑兵和车兵穿插组成的混合部队，三号坑则是统领一号坑和二号坑的军事指挥所。秦兵马俑，无论在数量和质量还是考古发现上，都是世界所罕见，它对于深入研究公元前2世纪秦代的军事、政治、经济、文化、科学和艺术等提供了极为珍贵的实物材料。

目前，在一号坑中已发掘出武士俑500余件，战车6乘，驾车马24匹，还有青铜剑、吴钩、矛、箭、弩机、铜戟等实战用的青铜兵器和铁器。俑坑东端有210个与人等高的陶武士俑，面部神态、服式、发型各不相同，个个栩栩如生，形态逼真，排成三列横队，每列70人，其中除3个领队身着铠甲外，其余均腿扎裹腿，线履系带，免盔束发，挽弓挎箭，手执弩机，似待命出发的前锋部队。其后，是6000个铠甲俑组成的主体部队，个个手执3米左右长矛、戈、戟等长兵器，同35乘驷马战车间隔在11条东西向的过洞里，排成38路纵队。南北两侧和两端，各有一列武士俑，似为卫队，以防侧尾受袭。这支队伍阵容齐整，装备完备，威风凛凛，气壮山河，是秦始皇当年浩荡大军的艺术再现，具有强烈的艺术感染力。

1980年12月，在秦始皇陵封土西侧还出土了两组形体较大的彩绘铜质车马，这是迄今为止中国所发现的年代最早、形体最大、结构最复杂、制作最精美的铜铸马车。它与兵马俑交相辉映，为始皇陵增添了新的光彩，也为研究秦代历史、铜冶铸技术和古代车制提供了实物资料，被誉为中国古代的"青铜之冠"。

秦俑艺术在中国古代雕塑艺术史上是一个典范，它艺术手法细腻、明快，手势、脸部表情鲜明各异，显示出泥塑艺术已达到了顶峰，充分表现出中国人民在2000多年前就拥有了巧夺天工的艺术才能，它的艺术风格和艺术技巧已为后世继承和发展，其艺术传统源远流长。

1961年，中华人民共和国国务院将秦始皇陵定为全国文物重点保护单位；1987年，秦始皇陵及兵马俑坑被联合国教科文组织批准列入《世界遗产名录》。

秦始皇兵马俑是我们民族的骄傲，也是世界人民的骄傲。

丛林中的玛雅文明

在世界诸多远古文明中,玛雅无疑是最富有浪漫色彩的,它是诞生在中部美洲热带丛林里的印第安古文明,是古代美洲三大文明的杰出代表,就连 Maya 的字眼儿,也在英文字典中,成了神奇莫测,令人销魂的代名词。

玛雅文明区主要包括今天墨西哥南部塔巴斯科州和恰帕斯州,尤卡坦半岛的尤卡坦州、坎佩切州和金塔纳罗奥州,地处尤卡坦半岛的中美洲国家危地马拉、洪都拉斯、伯利兹和萨尔瓦多,总面积约 32.4 万平方公里。

大约自公元前 1800 年起,古代玛雅人已开始生活在上述地区,公元初期在尤卡坦半岛南部今危地马拉佩滕(Petén)湖畔的热带雨林区,兴建了第一批"城邦"。这些城邦实际是早期的祭祀中心。公元 3 世纪以前的历史,被认为是玛雅文化的形成期。

从公元 3 世纪至 9 世纪,玛雅文化进入鼎盛期,建立大小城邦达百余个,使用统一的象形文字和历法,玛雅有立柱记事的习俗,一般是每隔 20 年建一座石柱碑。9 世纪末,这些城邦突然衰落,立柱

记事由此中断，原因不详。

公元10世纪末，玛雅文明中心移向尤卡坦半岛北部，与入侵的托尔特克（Toltec）人的文化相融合，使玛雅文化重新繁荣起来。

玛雅人以农业为生，在沼泽地挖渠排水，修建台田、渠田，种植玉米、菜豆、西红柿、可可豆、辣椒、南瓜和棉花等多种作物。主要生产工具是尖头木棒和石器，刀耕火种，没有完全跨过新石器时代。玛雅人掌握了饲养火鸡、狗和蜜蜂的技术，学会用龙舌兰纤维和木棉织布。

玛雅并没有形成"帝国"，只是城邦国家。玛雅人的社会组织以家庭为基础，家庭是玛雅社会的核心。实行夫权制，但母亲或年长的妇女在家庭中仍有一定的地位。若干血亲家族组成氏族。社会的基层组织是氏族公社。玛雅社会的中心是城市。玛雅社会是一个阶级社会，分成国王、贵族阶级、中等阶级和平民阶级。整个社会呈金字塔形。

玛雅人在文化和科学方面却取得了令人吃惊的成就。公元前后，玛雅人创造了象形文字，用树皮纸或鞣制过的鹿皮记载天文、医学、仪典、神话传说、诗歌和历史，为美洲大陆唯一发明使用文字的印第安部族。此外，壁画、木刻、玉雕、贝雕、骨雕和陶器上也有铭文。内容丰富，有关天文、占卜、历法、历史、统治者的生平、世系、医学、植物、动物、地图和战争、结盟等事件的记载。在数学方面，玛雅人创造了精确的数学体系和天文历法系统，他们采用20进位法，在世界上最早使用"零"的概念，比欧洲早800余年。他们建立了精密的历法制度，最重视对太阳和月亮的观测，他们能算出日食和月食出现的时间，并已将7大行星都列入了研究范围。他们对金星运行周期的计算和现代科学实测结果完全一致。玛雅历法体系由"神历""太阳历"和"长纪年历"组成。玛雅人经过周密计算，认为一年是365.2420天，这同现在计算的一年为365.2422天的数值只差2/10000。

在建筑方面，古代玛雅人修建了不少金字塔。在没有金属工具、没有大牲畜和轮车的情况下，古代玛雅人却能够开采大量重达数十吨的石头，跋山涉水、一路艰辛地运到目的地，建成一个个雄伟的金字塔。玛雅人在壁画、雕刻、彩陶等方面均有很高的水平。

玛雅文明在500年前神秘地消失了，它的许多秘密深隐在中部美洲的热带丛林中。

探寻古老的印加文明

在南美洲西部、中安第斯山区发展起来的又一著名文明，是古印第安人创造的印加文明，它是三大美洲文明之一，"印加"为其最高统治者的尊号，为"太阳之子"之意。

印加文明15世纪起势力强盛，极盛时期的疆界以今秘鲁和玻利维亚为中心，北抵哥伦比亚和厄瓜多尔，南达智利中部和阿根廷北部，首都在秘鲁南部的库斯科。16世纪初衰落，1532年被西班牙殖民者灭亡。

"印加"一词的本来含义是"首领"或"大王"的意思。西班牙人到来后，简单地以"印加"一词指称这个国家及其居民，至今已是约定俗成。

印加帝国享有"美洲的罗马"之称，它有一套完整的国家体系而闻名于世。印加国是一个奴隶制国家，奴隶主阶级包括印加王、王室贵族、高级官吏和祭司。印加王被称为太阳之子，神的化身，拥有至高无上的权力，印加奴隶主还拥有一支20万人的训练有素的常备军队，并建立了严厉的司法制度。

印加人的文化在其他安第斯地区古代印第安人文化的基础上又有发展。在帝国成立前，已存在特殊风格的陶器,并使用青铜制品。

印加人重视农业，主要农作物是玉米和马铃薯。饲养羊驼和骆马，但不用于耕作，掘地用人工。修建梯田和远程水利灌溉工程发达，最长的水渠长达113公里。

印加人还长于金属冶炼和加工，已能开采金、银、铜、锡等金属，生产工具和武器以青铜制造。金、银、铜等制作的首饰和日用器皿也很精巧。主要手工业部门除金属加工外，还有制陶、纺织等行业。陶器造型优美，纹饰绚丽。纺织品主要为棉毛织物，其中有时夹有金线或鲜艳的羽毛，图案丰富多彩。但印加社会尚未出现自由手工业阶层，优秀工匠多专为宫廷服务。村社间多实行产品交换，故贸易不发达，无金属货币，交换的规模也有限，公共建筑和公益事业极发达。

为统治广大的国土，首都库斯科与全国各地有许多道路相连接，主要的两条自北而南纵贯全国，沿海的一条宽约7.3米，长4055公里，内地的与之平行的一条宽4.6—7.3米，长达5229公里，沿线设有驿站和里程碑。

印加时期的建筑在库斯科和马丘比丘等地仍有遗存，库斯科城的宫殿、庙宇和城墙均以巨石建造，衔接处不用灰泥，但仍极密合，刀片亦难插入，显示了高超的建筑技巧。

由于农业生产的需要，印加人已有一定的天文知识和历法。历法有太阳历和太阴历两种。库斯科城中建有高台，用于观测天象，以根

据太阳位置确定农业季节。

印加人还为贵族子弟设立学校，学习期为4年，学业主要为克丘亚语、宗教教义、历法、结绳记事等。结绳记事法以绳索的结和颜色表示一定的事物和数目，用于传递公文，记述日历、历史和统计资料。有人认为当时已创制出图画文字，但后来失传。医学也有一定水平，使用许多草药治病，已能制作木乃伊，对颇有研究，并掌握开颅术等外科技术。另外，印加人已有一定的度量衡制度，考古工作中曾发现骨、木或银制的天平。

在宗教方面，印加人主要崇拜太阳，自称为太阳的后代。月亮、土地及其他星宿也被崇拜，但地位较低。仍保持图腾崇拜和祖先崇拜的残余，各氏族公社以动物命名，视祖先为公社保护神。印加人已确立国家信仰及祭司教阶制度，祭司阶层享有特殊地位。全国的宗教中心是库斯科城中的太阳神庙（金宫）。每逢农事周期的各个节日，都要举行祭典，祭典上的牺牲主要是动物，但当印加王出征或发生巨大自然灾害时，则以活人为牺牲。

现在在南美洲的高原深地中，还居住着印加民族的后裔，在秘鲁境内还留存着些许印加古城痕迹，其中最著名的便是马丘比丘古城，一个建立在海拔2500米左右的印加皇城，很难想象他们是如何在这样的高山之巅挖掘出这样一座雄伟之城的。它像是忽然间在地球上出现的一样，它的真正历史至今仍未有定论，印加文明给人们留下了无数不解之谜。

阿兹特克文明的成就

　　今日的墨西哥城，曾拥有一段令世人惊叹的古文明——阿兹特克文明，虽然它存在的时间较短，但它伟大的艺术成就和发达的社会生活，都证明了墨西哥城在古代文明中有着最辉煌的成就。

　　阿兹特克人是印第安人当中的一支，最初可能居住在墨西哥湾西部的一些海岛上。在崛起之前，他们的主要职业是给其他部落酋长充当雇佣兵。14世纪初他们在部落酋长的带领下来到特斯科科湖畔定居，后迅速崛起。公元1325年在特斯科科湖边的两个小岛上建立了阿兹特克帝国，并将以两个小岛为中心建立起来的首都命名为特诺奇蒂特兰城，之后建立了强大的部落联盟，活动范围大大加大，东西两边的界限已经抵达墨西哥湾和太平洋，人口也高达600余万。

　　像蒙古人一样，只要从属的部落按时纳贡，阿兹特克人不会去过于干涉他们。阿兹特克人同时也是精明的商人，阿兹特克商人乐于同盟友和敌人做生意。因为缺少货币系统，他们的交易是建立在以物易物上的。因为没有役畜也没有轮车，阿兹特克建造了一个庞大的徒步运输的道路系统。除了用于商业，这些道路也常常用于军事人员，这

也使得女子独自旅行变得更加安全。

阿兹特克人的特殊风俗是献祭，他们相信，源源不断的祭祀是为了保证宇宙的正常运转。想要保证降雨就要祭祀，农作物的生长，太阳的升起，等等，都与祭祀密切相关，罪行也通过祭祀来获得宽恕。

阿兹特克人在墨西哥盆地中央创造了一段高度发达的文明——阿兹特克文明，在美洲文明史上堪与玛雅文明相媲美。在某种意义上，阿兹特克文明是对玛雅文明的继承与发展。它虽深受玛雅文明的影响，但并非对玛雅文明的全盘照抄，而是有所创新。同时阿兹特克文明在萌芽时期也受到托尔特克文明和奇奇梅卡文明的影响。大约在公元11世纪中叶，阿兹特克人开始向墨西哥盆地迁移。在此之前，墨西哥盆地曾存在托尔特克文明和奇奇梅卡文明，托尔特克人和奇奇梅卡人从玛雅人那里学会了农耕技术，从事农业生产，种植各种农作物，如玉米、棉花、豆科植物等，同时，还学会了制造精美的陶器和建造宏伟的金字塔。由此可以认为，玛雅文明、托尔特克文明以及奇奇梅卡文明对其后的阿兹特克文明具有明显的先导作用。阿兹特克文明高度发达的社会生活是玛雅文明的延续，而其伟大的建筑与雕刻艺术则在很大程度上继承了托尔特克文明和奇奇梅卡文明的成就。

阿兹特克人被誉为"伟大的艺术家和建筑师"。在帝国存在的短短200余年里，他们留下了一大批珍贵的艺术品，一座座整洁、美丽、雄伟、蔚为壮观的城市、金字塔和宫殿群，所有这些，尽显艺术构思的奇妙，不能不说是一大奇迹。有人曾把阿兹特克人的首都特诺奇蒂特兰的繁华程度与当时的君士坦丁堡或意大利的罗马相提并论，征服墨西哥的西班牙随军神父迪亚斯说，特诺奇蒂特兰是建立在特斯科科湖边的一个奇妙的城市，各个小岛之间有堤坝相连，堤坝由石头砌成，坝顶十分宽阔，可并行10多人。

迪亚斯曾这样写道："城里的建筑物非常漂亮，一般家庭建筑都有院子，庭院中种花种草，有的人家还修了屋顶花园"，"街道两旁的房子绝大部分属于贵族和富有的墨西哥人所有，这些房子都用红石头盖起来的，顶上有栏杆"。特诺奇蒂特兰城的大建筑物都用白色的石膏粉刷，在阳光下显得雪白耀眼、庄严肃穆，使人不由自主地肃然起敬。

在迪亚斯的描述中还提到墨西哥的"太奥卡利"神庙，该神庙就是阿兹特克人建造的太阳金字塔，底面积3.7万平方英尺，高137英尺，如此巨大的建筑物即使在21世纪的今天也决非易事。太阳金字塔与托尔特克人的月亮金字塔遥遥相望，相映成趣。从远处看，太阳金字塔犹如一尊巨神在俯视着整个都城，异常宏伟壮观，令人产生无限的遐想。

阿兹特克人不仅创造了高度发达的建筑艺术作品，而且在文化上也作出不少杰出贡献。在绘画与雕刻方面，阿兹特克人达到了非常高的水平；阿兹特克人极其钟爱石雕艺术，正因为石雕艺术是阿兹特克文明的杰出代表，因此有人把阿兹特克文明称为"石头文明"。

在文字方面，阿兹特克人依据玛雅人的文字体系创立了一种绘画文字，这种文字虽然没有发展到象形文字的阶段，但已包含了一些象

学生必知的文明古国

形文字的成分。阿兹特克人对历法也有自己的研究，他们将一年分成365天，每逢闰年便增加1天。而在医学上，阿兹特克人的成就就更为比较明显，他们知晓许多草药的用途，知道利用奎宁治疟疾，还知道用"亚乌特利"的草药作麻醉剂，这一点只比中国晚300年，但比欧洲人早几百年。

阿兹特克人的建筑艺术及其发达的文化成就，让我们感受到了一种不可遏制的激情和神秘的体验；它高度发达的社会生活，则让我们领略到了阿兹特克文明的另一种"高度智慧"。